Sans un sou en poche

Benjamin Lesage
en collaboration avec Béatrice Madeline

Sans un sou en poche

ARTHAUD POCHE

© Flammarion, Paris, 2016
87, quai Panhard-et-Levassor
75647 Paris Cedex 13
Tous droits réservés
ISBN : 978-2-0813-8825-3

*À tous ceux qui ouvrent leur porte,
partagent leur repas et prennent
des inconnus au bord de la route.
Sans ces gens généreux, ce voyage
aurait avorté dès le premier jour
et ma vie serait une lutte
permanente.*

À Yazmin.

Avant-propos

À l'heure où j'écris ces lignes, il me faut revenir six ans en arrière pour me revoir à la sortie de La Haye, le pouce levé, prêt à entamer l'aventure qui bouleverserait toute mon existence et qui est racontée dans ce livre. Pendant ces six années, j'ai revêtu le costume du vagabond volontaire, de l'activiste anticapitaliste, du vegan anti-spéciste, du bouddhiste serein et de l'écologiste revendicateur, pour finalement devenir ce que je suis aujourd'hui : moi-même.

Ce voyage, c'est surtout ça : une quête un peu désespérée pour me trouver une petite place dans ce monde si vaste et si complexe. Et si j'ai décidé de l'écrire, c'est parce que j'ai le sentiment qu'il y a plein de jeunes ou de moins jeunes, ici et là, qui partagent cette quête.

Le premier jet comportait toutes sortes d'idées et de tirades de mon cru pour justifier telle chose ou critiquer telle autre, et je remercie la directrice de la maison Arthaud de m'avoir incité à abandonner toutes ces opinions qui encrassaient le récit. Car, finalement, le seul message qu'il m'importe de transmettre avec ce livre, c'est qu'un jeune Français de 25 ans issu d'un milieu modeste, ni particulièrement brillant ni particulièrement débrouillard, mais certainement indigné par toutes sortes de choses qui ne tournent pas rond dans son monde, peut vivre suivant ses idées, agir suivant sa conscience, être libre et heureux.

Avant mon départ, je ne me sentais pas à ma place. J'avais cette impression commune à beaucoup de passer à côté de ma vie. Je ne supportais plus de n'être que le témoin de toutes les injustices qui sévissaient ici et ailleurs. J'en avais marre de fermer les yeux, d'ignorer la réalité. Il fallait que j'agisse, que je fasse quelque chose. N'importe quoi. C'était devenu une nécessité, un impératif de survie.

Je n'ai pas été très original. Inspiré par tant d'autres, j'ai pris la tangente. Partir quelque part, ailleurs, n'importe où, pour vibrer, pour ressentir, pour vivre. L'idée du « sans argent », du trip écolo, des panneaux solaires n'était qu'une façade, une excuse pour donner un sens à mon voyage auprès de mes amis et de ma famille.

Ce n'était que ça au début : un défi. Mais très vite, le plus important ne fut pas de le réaliser ou de se prouver que nous pouvions le faire. La route nous a ensorcelés. Nous nous sommes pris des claques jusqu'à en rire, jusqu'à s'extasier devant

Avant-propos

la beauté de cette vie nouvelle qui s'offrait à nous. Une vie sans limites, sans autres règles que celles que nous nous étions fixées.

Le fait de partir sans argent était symbolique. Nous l'avions pensé comme un boycott du système capitaliste, mais la portée était toute autre. Sans argent, nous ne pouvions plus rien contrôler : nos besoins primaires devenaient des combats quotidiens qu'il fallait mener en fouillant les poubelles, en arpentant les rues à la recherche d'un coin à l'abri ou en demandant de l'aide à un inconnu. En somme se débrouiller en avec ce qui existe.

Au fur et à mesure des kilomètres, j'y suis arrivé : j'ai apprivoisé certaines peurs, certaines incertitudes, j'ai appris à survivre puis à vivre avec pour seules ressources mes mots, mes mains et mon intelligence. Je dépendais plus que jamais des autres, de la gentillesse des gens rencontrés, mais ce que je mangeais, je l'obtenais avec un effort certain.

Sans argent, je découvrais mes forces, mes faiblesses. Mes limites étaient celles que je m'imposais, mon horizon chaque jour un peu plus dégagé. Je compris que l'argent n'était qu'un symbole, la matérialisation de toutes nos peurs, l'instrument de contrôle qui nous protège du monde extérieur.

Sans un sou en poche, je me découvrais tel que j'étais vraiment : un être vivant, autonome, libre.

C'est tout ce que je peux souhaiter à celles et ceux qui se retrouvent avec ce livre entre les mains : s'affranchir des codes, des traditions, des certitudes qui nous sont inculqués depuis l'enfance, pour découvrir nos propres forces, nos propres limites, redécouvrir nos goûts, nos plaisirs, nos besoins essentiels et moins essentiels, réapprendre à s'émerveiller et à vivre de ce que la nature nous donne.

Pour ma part, je ne me suis pas arrêté là. Après ce voyage se sont succédées plusieurs années pendant lesquelles nous avons continué à expérimenter ce que nous appelons l'économie du don. Avec un objectif en tête : créer un espace expérimental, une sorte de laboratoire vivant qui fonctionnerait sur un modèle économique basé sur le don. L'idée principale : se calquer sur le modèle naturel – l'arbre qui donne ses fruit sans rien attendre en retour – et donner de notre temps, de notre énergie, de nos productions de manière inconditionnelle.

Nous sommes persuadés qu'un tel système économique peut nous aider à diminuer les injustices, voire les supprimer. D'ailleurs, certains économistes défendent cette hypothèse : Bernard Maris, Jean-Michel Cornu ou encore Charles Eisenstein de l'autre côté de l'Atlantique. Ils stipulent que seul le don peut rendre également heureux celui qui donne et celui qui reçoit, tout en permettant une distribution équitable des ressources en fonction des besoins de chacun.

Difficile de se l'imaginer à grande échelle ; nous devons d'abord l'expérimenter en groupe réduit. C'est le but de notre projet d'éco-village. Nous avons passé deux ans à rassembler un groupe de personnes motivées et dévouées à cette cause et à expérimenter la vie simple et harmonieuse dans plusieurs lieux. À l'heure où j'écris, nous sommes sur le point d'acheter un terrain pour y installer le village et débuter une nouvelle aventure : Eotopia.

Benjamin Lesage
Mars 2016

La Haye, 18 janvier 2010

« Oser, c'est perdre pied momentanément,
ne pas oser, c'est se perdre soi-même. »

Kierkegaard

Par une nuit glaciale, je parcours ces rues que j'ai si souvent empruntées à vélo. La nuit est noire ce soir à La Haye, les réverbères brillent comme des lucioles à travers la brume. Un silence pesant règne sur ces ruelles exiguës et ces canaux étroits. De temps en temps, un tramway surgit dans une gerbe d'étincelles. À cette heure-ci, les passants se font rares, ils marchent vite, le menton enfoncé dans leur manteau, pressés de retrouver le confort de leur maison. Moi, je ne me presse pas, je préfère savourer ces instants, la douce solitude de cette nuit.

Nous partons demain.

Je ne verrai plus ces rues, où j'ai passé trois ans de ma vie d'étudiant Erasmus. Je ne pourrai que les imaginer, les deviner. Je ne sais pas véritablement pourquoi je pars. J'ai l'impression de m'envoler comme une montgolfière, soulevé par une force inconnue, guidé par l'envie de tout lâcher. Tout allait pour le mieux dans ma vie, mais j'avais toujours cette sensation de vide dans l'estomac, ce besoin d'autre chose, d'ailleurs.

Je suis originaire d'une banlieue de Besançon, une ville jolie mais pas très animée. Très vite, j'ai travaillé pour subvenir à mes besoins, tout en poursuivant des études de gestion dans un IUT. J'ai toujours refusé de dépendre de quiconque financièrement, et partir, quitter Besançon, a toujours été une évidence pour moi. Dès que j'ai pu, j'ai profité du programme Erasmus pour commencer à voyager, et c'est comme cela que je me suis retrouvé à La Haye, aux Pays-Bas.

En marchant dans la nuit, je pense à cette soirée où mon meilleur ami, Raphael, m'avait rejoint de Berlin pour remonter ensemble vers le nord. Nous faisions du stop dans une station-service, sans grand succès. L'été touchait à sa fin, l'air était doux. La nuit allait se terminer à la belle étoile, c'était certain. Effectivement, nous nous sommes retrouvés assis sur un trottoir, adossés à des bidons d'huile. Et là, contre toute attente, j'ai ressenti une vague de plaisir. Un sentiment de bonheur. Était-ce parce que Raphael était à côté de moi, que nous étions un peu enivrés par les vapeurs du haschisch offert par deux Tchétchènes ? Je ne sais. Pas d'attache, pas d'argent, pas de montre. Uniquement la confiance absolue en l'avenir. J'ai cru toucher du doigt le sens du mot

La Haye, 18 janvier 2010

« liberté ». Et là, allongé sur mes cartons, bercé par le ronron de l'autoroute, je me suis pris à rêver de partir vers l'inconnu, sans un sou en poche.

Je longe à présent le quai Groenewegje. L'eau du canal s'est figée en une mince couche de glace, quelques péniches dorment, affalées sur les berges, les oiseaux nocturnes filent dans l'obscurité. J'essaie de goûter chaque pas, chaque inspiration, chaque instant de cette vie que j'abandonne. Je délaisse ma routine confortable d'étudiant, devenue trop prévisible. Je veux réapprendre à m'émerveiller.

L'idée de partir par les routes, comme des vagabonds, nous l'avions eue depuis quelque temps déjà. Raphael, Nicola et moi étions réunis par un soir d'octobre dans l'une de nos chambres d'étudiant, où nous avions l'habitude de refaire le monde. Dehors, il tombait une pluie fine, l'hiver allait être précoce. Comme souvent, nous avons fumé, discuté toute la nuit, en buvant des cannettes d'ersatz de Red Bull. Pour fêter la fin de nos études, nous avions d'abord pensé prendre l'avion jusqu'à New York, descendre en stop au Mexique, assister au mariage de deux amies mexicaines, et *touristear*, comme disent les Mexicains. Mais Nicola n'avait jamais mis les pieds sur le continent américain. Il n'était pas question pour lui de s'y rendre en banal touriste. S'il y allait, ce devait être pour partir à la découverte du Nouveau Monde, comme Amerigo Vespucci, un autre Italien qui l'avait fait cinq siècles plus tôt. J'ai embrayé, les romans de Philippe Labro me revenaient en mémoire et j'avais entendu parler d'un type qui avait traversé l'Atlantique en stop quelques années plus tôt. Raphael était surexcité, debout sur le lit, comme toujours dans ces cas-là. Notre projet, ce serait d'aller en stop de La Haye au Mexique, sans argent et en laissant derrière nous l'empreinte écologique la plus faible possible ! Nicola n'était pas emballé à l'idée de partir les poches vides.

« Pourquoi sans argent, quel intérêt ? objecta-t-il. C'est un bon outil si on l'utilise bien. Pourquoi s'en priver ?

— Parce que si l'on veut que le voyage soit le plus écologique possible, il faut consommer le moins possible, fut la réponse de Raphael.

— Oui, mais ce sera déjà assez dur comme ça, en stop et tout ?

— Mais, Nicola, ai-je répondu, en songeant à notre nuit passée à la belle étoile, dans la station-service. Sans argent, on sera obligés de suivre le destin, de se laisser porter…

— Et ce sera une aventure unique, personne ne l'a jamais fait », renchérit Raphael.

C'est ce dernier argument qui a décidé Nicola : la perspective de réaliser un voyage singulier, de partir sur « le chemin le moins emprunté ». Nous étions emballés tous les trois.

La vieille horloge de la gare indique une heure. Une légère brise s'est levée et, peu à peu, la brume se dissipe. Il fait de plus en plus froid. Les lumières des maisons sont éteintes depuis bien longtemps et on ne croise plus âme qui vive. J'ai la ville pour moi seul, et si je n'étais pas transi de froid, je déambulerais bien toute la nuit, blotti dans cette solitude qui me permet de penser en paix.

J'ai tout laissé derrière moi. Le boulot de plongeur, qui a financé mon indépendance ces trois dernières années ; les clés de l'appartement, avec toutes mes affaires personnelles ; j'ai rompu avec ma copine, abandonné l'idée de faire un master ou autre, fermé mon compte bancaire néerlandais, fait mes adieux aux amis… plus rien ne m'attache aux Pays-Bas. Ma mère est loin, en France, et ça fait longtemps que j'ai coupé le cordon.

Ce que j'espère secrètement depuis des années est enfin arrivé pour pimenter mon quotidien et réveiller le héros qui sommeille en moi. J'ai trop attendu, demain je provoque le destin.

Zwijndrecht, 20 janvier 2010

Notre départ a lieu par un froid après-midi de janvier. La ville est blême sous le ciel blanc. Nous avons passé la nuit à faire les derniers préparatifs : nous avons emporté le strict minimum, une dizaine de kilos chacun. Dans mon inventaire, quelques vêtements, une paire de jumelles, mes boules de jonglage, un bloc-notes, des crayons, une paire de ciseaux… rien de superflu. Dans la poche intérieure de mon sac, mon passeport et ma carte bancaire française. Notre seul luxe est de nous équiper de sacs à dos solaires, munis chacun d'un chargeur de douze volts, pour recharger les batteries de nos appareils photo. Nous possédons aussi un panneau solaire dépliable, acheté sur Internet, qui nous servira à recharger l'ordinateur, indispensable pour tenir un blog, écrire des articles, stocker photos et vidéos. Enfin, comme nous avons décidé de limiter au strict minimum l'usage de la bouteille plastique, nous avons acheté un filtre à eau inventé par l'armée américaine, pour 300 euros. Ce filtre est censé purifier n'importe quelle eau, y compris de l'urine. Enfin, nous avons prévu une toute petite réserve d'argent, au cas où. Raphael a 50 dollars et une trentaine d'euros pour des visas.

Vers 13 heures, nous nous mettons enfin en route, avec un pincement au cœur en disant adieu à La Haye et à nos vies d'étudiants. Sacs sur les épaules, nous commençons à marcher. Les rues sont vides, les rares passants se sont retranchés dans les cafés sous l'assaut du froid. À l'extrémité nord du parc, nous prenons place à l'entrée de la voie rapide qui mène à Rotterdam. C'est le point stratégique bien connu des auto-stoppeurs de La Haye. Tout heureux de nous être lancés, nous brandissons nos pancartes de carton, chantant et dansant. Belgium, Barcelona, Mexico! Plus possible de revenir en arrière! Nous faisons des photos. Notre amour-propre est en jeu: nous avons tellement fanfaronné en annonçant notre projet! Les automobilistes sourient en voyant indiquée notre destination finale, mais ne s'arrêtent pas pour autant.

Au bout d'une heure d'attente, nous sautillons toujours, mais cette fois pour nous réchauffer. Personne ne s'est arrêté pour nous prendre. Un premier doute s'immisce en moi: est-ce que ce voyage est vraiment possible? Suis-je fait pour ce genre d'aventure? Je me surprends à penser que nous pourrions peut-être aller chez une amie, nous lever aux aurores le lendemain pour repartir du bon pied. Mais le destin en décide autrement: une voiture s'arrête. Notre bon Samaritain s'appelle Aristide, il vient du Cap-Vert et se rend à Rotterdam.

Une fois dans la voiture, le dialogue s'engage naturellement avec Aristide.

« La vie est meilleure ici qu'au Cap-Vert », explique-t-il.

Notre projet l'emballe et, une fois parvenus à Rotterdam, il nous invite chez lui. Nous acceptons sans hésiter : l'après-midi touche à sa fin, les nuages obscurcissent le ciel. Aristide s'arrête devant un supermarché. Il annonce qu'il paie la nourriture et que nous cuisinerons. Première confrontation pour nous avec cette réalité : si nous avons choisi de voyager sans argent, d'autres personnes vont fatalement en dépenser pour nous aider. Nous n'y avions pas vraiment réfléchi et nous évoquons le sujet avec Aristide.

« Nous ne voulons pas utiliser d'argent... mais nous ne voulons pas que d'autres en utilisent pour nous...

— Oui, mais c'est impossible, les gars, nous répond notre chauffeur. Je paie l'essence, la voiture... il y aura toujours quelqu'un pour payer l'électricité, l'eau pour vous doucher ! Vous n'êtes pas en pleine nature, là ! »

Nous hésitons un peu, puis décidons dans la foulée de faire exception à notre règle : lorsque l'on nous invitera de bon cœur, nous ne refuserons pas !

Le dîner terminé, Aristide nous propose de rester pour la nuit. Trop pressés de tailler la route, nous refusons. Il nous dépose à la sortie de la ville. En apercevant le parking d'autoroute désert, nous regrettons immédiatement notre décision. Trop tard. Il est 11 heures du soir, et nous sommes seuls sur cette aire de station-service. Il faut chercher un abri pour dormir. Le froid est de plus en plus vif. Un pont traverse l'autoroute. Juste après, une zone industrielle, surveillée par un gardien qui regrette de ne pouvoir nous laisser dormir à l'intérieur des bâtiments.

« Il y a un village pas très loin », nous indique-t-il.

La route est déserte, la brume dense. Nous marchons une bonne heure. Le village est typiquement hollandais, avec ses petites maisons identiques alignées le long d'un canal. Pas une lumière, et à 1 heure du matin, nous voyons mal comment demander un abri. Les portes des immeubles sont fermées, impossible de les ouvrir. Nous trouvons enfin un refuge, une sorte d'antichambre qui permet aux postiers d'accéder aux boîtes aux lettres. Exténués, nous nous installons là pour tenter de dormir. Je me réveille sans cesse, transi. Première nuit du voyage. Une bonne introduction à notre vie de vagabonds.

Au petit matin, le postier nous tire de là. Dans un petit parc, nous tentons de faire un brin de toilette. Raphael, excité comme un gosse, sort son Dr Bronner de son sac et en dépose délicatement une goutte sur sa brosse à dents. C'est un savon aux multiples usages, bio et concentré, élaboré à partir de chanvre et de plantes sauvages. Comme son nom l'indique, il a été inventé par le mystérieux Dr Bronner, un illuminé qui se sert de son produit pour propager ses idées. Par exemple, sur l'emballage figure la mention « *We are all one* ». Raphael est tout heureux d'avoir déniché ce truc. Mon ami est un type un peu déjanté. Je l'ai rencontré dans les vapeurs de marijuana et les effluves d'alcool de nos fêtes étudiantes. C'est un jeune homme grand, svelte, blond, le dos un peu cambré, ce qui lui confère une allure un poil arrogante. Il est allemand, mais ne dit jamais qu'il vient d'Allemagne : il vient de Berlin. C'est lui qui m'a incité à adhérer à l'association étudiante dont il faisait partie et je suis très vite devenu son petit frère français. Pour moi qui n'ai pas eu de père à la maison mais un frère de treize ans plus âgé que moi, il a vite pris une figure paternelle qui me convenait très bien. Tout de suite, j'ai admiré Raphael, son âme créative, sa liberté d'action et de pensée, son incapacité à dissocier l'imaginaire et le réel. Pour lui, même les choses les plus extravagantes sont possibles.

La toilette terminée, retour à l'auto-stop. Deux bonnes heures à poireauter sur la rampe d'accès à l'autoroute. Nous sommes à quelques kilomètres de Rotterdam. Moins de vingt-quatre heures après notre départ, nous avons parcouru moins de 70 kilomètres, dormi dehors, sans petit déjeuner. Nous avons tous trois le visage dévasté, le teint cireux, les yeux pochés et la bouche pâteuse.

Lille, 20 janvier 2010

Il nous faut trois heures pour sortir de là. À midi, un automobiliste nous embarque et nous arrivons rapidement en Belgique. C'est là, à une station-service, que Nicola commence à craquer. Nous cherchons de nouveau une voiture pour nous emmener et les heures s'écoulent. Il a emporté, après des négociations, son téléphone portable. Il disparaît une vingtaine de minutes pour passer un coup de fil à sa copine. En revenant, il remet tout en cause :

« Franchement, je ne vois pas l'intérêt de ce voyage. Si c'est juste pour se les geler sur le bord de la route, dormir dans les cages d'escalier et avoir faim, je préfère tout arrêter.

— T'es sérieux, là ? répond Raphael. On vient juste de commencer !

— Oui, mais... Audrey me manque, et elle me dit qu'on pourrait peut-être recommencer à zéro...

— Allez, Nicola, ce voyage, ça va être génial. Faut s'accrocher, ça va être une grande aventure, je te le promets. »

Ils parlent en italien, je ne peux pas participer à la discussion, mais je comprends que le tête-à-tête est décisif. Moi aussi, je doute de ma capacité à tenir le coup et je comprends Nicola. Mais je suis trop fier pour admettre cela, impossible pour moi de revenir en arrière, question d'amour-propre.

Nous avons rencontré Nicola à La Haye. L'une des missions principales de l'association étudiante que nous dirigions avec Raphael consistait à accueillir les nouveaux Erasmus qui débarquaient à La Haye d'un peu partout et à les accompagner durant les premiers jours de leur nouvelle vie. Nicola Zolin en faisait partie. Je le revois, sur le quai de la gare où je l'ai rencontré. Il était grand, élancé, mais surtout, pour un Italien, il avait d'étonnantes boucles rousses et un visage parsemé de taches de son. Très vite, lors de notre première soirée avec les nouveaux venus, Nicola s'était lancé dans un discours sur la nourriture exécrable de ce pays, dans un anglais dansant : « *What dou you ite hirre ? Ze pasta ise shit !* » Nicola était très vite devenu un ami cher et un compagnon d'aventures.

La discussion entre Nicola et Raphael est interrompue par un break cabossé qui nous ouvre ses portes. La fin de la traversée de la Belgique se fait sans souci et nous arrivons à Lille. Nous sommes affamés après une journée sans rien avaler. Je découvre pour la première fois de ma vie la faim, la vraie. Et pire que cela, la crainte de ne pas trouver de quoi manger.

Lille, 20 janvier 2010

À Lille, Élodie, une amie de Nicola, nous héberge dans son petit appartement. Au bout de deux jours de route, j'ai l'impression qu'une semaine s'est écoulée. La Haye me semble loin, très loin. Cette fois, j'y suis : sans horaires, sans contraintes. Cette liberté nouvelle, à laquelle j'ai tant rêvé, me grise.

Vienne, 21 janvier 2010

De hautes tours de béton, un périphérique surchargé, un ciel gris. Nous avons marché une bonne heure avant d'arriver à l'une des bretelles d'accès de l'autoroute, au sud de la ville. Personne ne semble nous voir, jusqu'à ce que Jean-Michel nous prenne.

« Quand j'étais plus jeune, j'ai parcouru la France comme ça, en levant mon pouce, nous raconte-t-il. C'était la grande aventure. » Il a la cinquantaine, grand, mince et chauve. Il descend vers Langres. Grâce à lui, nous allons pouvoir contourner Paris. Jean-Michel évoque ses souvenirs de 1968.

« Moi aussi, j'avais de grands idéaux à l'époque, c'était bien. Il faut profiter de cette capacité d'indignation propre à la jeunesse ! Je me souviens des manifs, j'avais 15 ans et j'étais émerveillé. Quelques années plus tard, c'était à mon tour de descendre dans la rue, j'étais engagé dans les grands mouvements antinucléaires de l'époque. »

Je l'écoute sans rien dire.

« Tout aurait pu prendre une autre direction, poursuit-il. C'est dommage, j'y croyais pourtant. Mais j'ai rencontré ma femme, les enfants sont nés... Je ne regrette rien, c'était une belle aventure. Et vous allez rire, aujourd'hui je travaille dans le nucléaire ! Au début, j'ai hésité. Mais c'est un bon boulot. Je pars en Chine régulièrement, je suis bien payé... Je peux assurer un bel avenir à mes enfants. »

Je ne peux m'empêcher de penser à cette génération de soixante-huitards qui ont fini par se résigner à une vie tranquille et confortable. Je songe à mon enthousiasme, à ma fougue et j'essaie de me convaincre que, pour notre génération, tout sera différent.

« Et je continue à prendre quelques auto-stoppeurs de temps en temps », conclut-il en riant.

Trois heures plus tard, Jean-Michel nous dépose sur une aire de repos. Nous reprenons notre quête de voiture, guettant le moment propice pour solliciter les automobilistes. La plupart nous opposent une excuse bidon, préférant ne pas nous dire franco qu'ils ne prennent pas d'auto-stoppeurs. Il tombe une neige légère et nous sommes épuisés et affamés. Deux filles nous offrent un paquet de biscuits, nous exultons. Le sucre nous requinque un peu. « Nous faire auto-stop pour aller *al sul* », supplie Nicola, avec son visage d'enfant et son irrésistible accent italien. Philippe, un principal de collège, se laisse convaincre. Cent kilomètres plus loin, c'est désormais de la nourriture que nous cherchons. Dans le restaurant de l'aire de repos, nous chipons des restes sur les assiettes laissées à moitié pleines. Le résultat n'est pas fameux : un peu de riz, quelques frites. Un type sympa qui nous a observés nous offre deux barres chocolatées et trois boissons énergisantes. Un petit trésor que nous nous empressons d'aller échanger contre un bon d'achat dans la supérette de la station. Nos 7,50 euros en main, nous languissons devant tous les sandwichs qui vont finir à la poubelle. Mais impossible de les récupérer ! Nous nous contentons d'un pain de mie tranché et d'un camembert, qui font déjà figure de dîner de luxe.

Il va geler cette nuit, mais nous ne pouvons rester à l'intérieur de la supérette. « Le gérant n'est pas là » : c'est la réponse qu'opposent tous les employés à nos demandes. À la recherche d'un abri sur le parking, nous tombons sur deux gars dans leur camionnette blanche, qui nous sourient. C'est assez rare pour entamer la conversation.

José est portugais, c'est lui qui conduit. Son pote, Dan, est algérien, et ils reviennent d'un chantier dans le Nord, direction Lyon. Ils nous embarquent.

« C'est bien normal, remarque José dans un grand sourire. La galère, je connais. »

Ils blaguent sans cesse, et José finit par nous inviter chez lui pour la nuit. Mais cela représente un détour pour nous qui voulons quitter la France le plus vite possible. José nous dépose sur une aire de repos à la sortie de Lyon, avec pour tout viatique une orange et deux Snickers, reliques de son goûter.

Barcelone, 25 janvier 2010

« Indignons-nous. »

Stéphane Hessel

À l'aube, nous nous réveillons en forme. Nous avons réussi à nous faufiler dans une petite pièce de la station-service et avons dormi sur la moquette. Le grand luxe ! Nous ne mettons guère de temps à trouver un automobiliste bienveillant, et nous voilà partis.

Pendant la descente vers le sud, les températures radoucissent et tout semble s'accélérer. À Valence, le ciel se divise : vers le nord, de lourds nuages aplatissent le paysage. Devant nous, vers le sud, le ciel bleu et limpide s'ouvre vers l'horizon. Nous sommes impatients de sentir le soleil sur notre peau. Deux Marocains qui se reposent à l'ombre de leur camionnette n'hésitent pas une seconde : ils nous embarquent. Abdel et Ahmed nous apprennent nos premiers mots d'arabe. À ma grande surprise, ils me rappellent des mots que j'entendais à Planoise, la banlieue de Besançon où j'ai grandi : *shouf, shoukran, kif, shouaih*. Mais les deux compères nous enseignent les termes qui seront essentiels à notre voyage : « *Wallou flouz !*[1] »

À la frontière espagnole, préférant ne pas attirer l'attention avec trois hippies à bord, ils nous débarquent. C'est avec un Argentin venu vivre en France que nous arrivons à Barcelone, tout heureux d'avoir vraiment « commencé » le voyage. L'arrivée en Espagne est synonyme de soleil, d'aventures, de langues étrangères et d'exotisme. Nous avons parcouru 580 kilomètres dans la journée, et presque 1 500 depuis notre départ.

Barcelone est étonnante. C'est la première fois que j'y mets les pieds. La ville est un dédale de ruelles traversées par de grosses artères qui déversent des flots de voitures sur des places immenses. Malgré l'heure tardive, les enfants jouent au foot dans la rue, les vieux s'affrontent aux dominos, les femmes se réunissent et laissent libre cours à leurs commérages. L'air est doux. J'imagine les rues de La Haye à cet instant, sombres, vides, silencieuses.

Reste à trouver le Wi-Fi. Nicola propose d'appeler une vague connaissance. La dispute éclate : pour moi, vivre sans argent, c'est aussi vivre sans téléphone. Point. Nicola ne voit pas les choses ainsi et me reproche d'être borné. Raphael arbitre en ma faveur. Nous faisons halte sur un banc le long de la place

---

1. « Je n'ai pas d'argent ! »

Raval, face aux cireurs de chaussures et aux flâneurs. En face, une vieille bâtisse couverte de graffitis semble squattée. Nous allons frapper à la lourde porte de bois.

Pas de réponse. Mais dans la rue, un jeune homme chauve, drôlement équipé d'une trompette, nous hèle : « Que voulez-vous ? » Il s'appelle Ugo et est italien. Comme des milliers de ses compatriotes, il est venu vivre en Espagne pour fuir l'Italie de Berlusconi. Il squatte un petit appartement abandonné depuis la mort de sa locataire et nous invite à le suivre pour la nuit.

L'appartement est intact. Le service à thé trône sur la commode de bois, la penderie est pleine de vieilles robes, quelques photos de famille ornent le papier peint jauni. L'atmosphère est étrange, fantomatique. Après le décès de la dame, personne ne s'est manifesté.

« Ce sont mes amis qui vivent au-dessous qui m'ont prévenu, nous explique Ugo. Ça faisait trois mois que personne n'était venu, alors je me suis installé ! »

C'est une idée un peu étrange que d'occuper le logement des morts, mais Ugo semble s'y être fait sans problème.

Le lendemain, il faut impérativement trouver de la nourriture. Cela fait vingt-quatre heures que nous n'avons rien mangé. Ugo nous emmène derrière le marché municipal. Une foule de gens guette, près des triturateurs, les cagettes de fruits et légumes invendus ou avariés. La consigne est simple : on prend ce que l'on veut, du moment que l'on jette le reste dans la broyeuse. Il y a là quelques vagabonds, une vieille femme qui parle toute seule et deux Chiliens.

Le soir même, nous retournons avec Ugo place Raval, face à la bâtisse squattée que nous avons repérée la veille. Elle est habitée par des excentriques de tout bord, des anarchistes, des activistes, animés par l'esprit de désobéissance civile. Les murs sont couverts de suie et de graffitis. Plusieurs fois, les forces de l'ordre ont tenté de les déloger, en vain. Régulièrement s'y organisent des fêtes, des ateliers ou des repas de quartier gratuits.

Les squatteurs ont un plan de Barcelone où sont indiqués tous les restaurants qui acceptent de donner leurs invendus. Les Espagnols appellent cela *reciclar*, « recycler ». Pour nous, c'est une merveilleuse découverte. Ainsi nous pourrons tenir notre promesse de vivre de la manière la plus écologique qui soit. Première tentative, dans une pizzeria, couronnée de succès. Le serveur nous donne un sac plein de pizzas, en nous disant :

« Vous n'avez pas l'air d'être pauvres, vous ! »

Peut-être, mais nous sommes affamés et nous dévorons nos pizzas froides avec bonheur. Barcelone bouillonne de vie, de rage et d'indignation et nous y trouvons l'écho de nos choix et de notre engagement.

Valence, 27 janvier 2010

Barcelone nous a bien fouetté le sang. Nous ne savions rien, dans nos tranquilles vies d'étudiants, de ces mouvements alternatifs, de ces squats, des soulèvements citoyens qui secouent nos sociétés. J'en suis tout chamboulé. Ce voyage va me transformer plus que je ne l'imaginais, j'en suis certain. De plus, sans argent, nous sommes obligés de nous confronter sans cesse à autrui, d'ouvrir les yeux sur le monde.

Après trois jours dans la capitale catalane, nous repartons. L'auto-stop nous ramène à la dure réalité de la route. Trois heures d'attente et un Roumain nous embarque pour neuf petits kilomètres. Nous avons en tout cas appris une leçon : tous les restaurants, épiceries, boulangeries jettent des invendus à la fin de la journée. À nous de les récupérer. À la première station-service, Nicola, le plus courageux et le plus charmeur de nous trois, se lance face à un employé de la cafétéria :

« Nous faisons un voyage écologique, sans argent, nous recyclons la nourriture, nous voulons démontrer que l'on peut vivre d'une autre manière… Auriez-vous du pain, ou quelque chose que vous allez jeter, à nous donner ? »

L'employé écoute Nicola et nous sort deux baguettes un peu molles qu'il ne vendra pas. Nous sommes tout ébahis de notre succès : il suffit donc de demander ! Le pain a la consistance du chewing-gum, mais qu'importe, il calme notre faim.

Nous arrivons avec peine à Tarragona, jolie ville face à la mer, à une heure de Barcelone. Il nous faut trouver un endroit pour dormir, nous sommes épuisés. Un groupe de jeunes vient à notre rescousse : « Venez chez nous, on squatte un palace au-dessus de la ville. » Ce n'est pas une blague. Ils nous emmènent dans une demeure immense qui surplombe le vieux centre. Derrière une lourde porte de chêne, un escalier monumental monte jusqu'au premier étage. Un lustre poussiéreux éclaire l'ensemble. Des couloirs larges comme des ruelles desservent de grandes salles aux plafonds hauts. Les parquets, usés par les années, luisent dans la pénombre. La bâtisse compte une quinzaine de chambres, plus le logement du personnel et un jardin transformé en jungle. Un endroit immense, en ruine, abandonné depuis le départ du général Franco.

« Buckle », l'un de nos hôtes, un jeune rasta d'une vingtaine d'années, nous raconte comment lui et ses amis sont arrivés là. Avec Jimmy, un Nicaraguayen, ils sont entrés par les fenêtres dépourvues de car-

Valence, 27 janvier 2010

reaux du rez-de-chaussée. Et ils ont trouvé les clés du manoir dans les tiroirs de la cuisine. La loi espagnole stipule qu'une personne qui a les clés d'un logement peut occuper les lieux à moins que le propriétaire ne s'y oppose devant le tribunal. Or, non seulement le propriétaire ne s'y est pas opposé, mais encore il a accepté de payer l'eau et l'électricité aux squatteurs, à condition que ceux-ci assurent l'entretien minimal des lieux et qu'ils le transforment en centre social. Promesse tenue : des ateliers de danse, de yoga ou de macramé sont organisés et il y a même un studio d'enregistrement. Nous restons là trois jours, trois jours de pluie, ne sortant que pour « recycler » de la nourriture en ville.

Quand le ciel se défait enfin de sa robe grise, nous reprenons la route. Quitter Tarragona s'avère encore plus difficile que quitter Barcelone. Nous nous retrouvons en rase campagne, perdus dans les champs d'orangers. Nous nous consolons en nous gavant de fruits juteux et sucrés. Jusqu'au moment où nous trouvons un Espagnol qui veut bien nous embarquer jusqu'à Valence. Il est en colère :

« Ça va exploser ! nous assène-t-il. On ne peut pas continuer comme ça, on est des milliers sans emploi, sans espoir. Il faut que ça change. »

En chemin, nous allons quémander de quoi manger dans une cafétéria. La vendeuse hésite, nous observe.

« Bon, attendez là, on ferme bientôt, il y a toujours des restes. »

Nos yeux se mettent à briller, puis Raphael précise, dans un grand sourire :

« Nous sommes végétariens, pas de viande ni de poisson, s'il vous plaît !

— Végétariens ? » s'étonne la vendeuse.

C'est une autre des règles que nous nous étions fixées pour ce voyage : ne plus manger de viande. En ce qui me concerne, j'avais franchi le pas six mois plus tôt. Mais Raphael avait été le premier à modifier ses habitudes alimentaires, après avoir vu *Home*, le documentaire de Yann Arthus-Bertrand. Le réalisateur y démontre que la surconsommation, et en particulier la surproduction de viande, est largement responsable de la dégradation de notre écosystème. D'après ce film, 51 % des gaz à effet de serre proviennent de l'industrie animale. Le steak tartare était mon plat préféré, mais après ce film, j'y ai renoncé et je suis chaque jour convaincu des bienfaits du végétarisme.

Maïté, la vendeuse de la cafétéria, revient une bonne demi-heure plus tard avec trois assiettes copieusement garnies de patates, de quelques légumes, de pain, et même d'une part de lasagnes sans viande ! C'est un festin inespéré dans cet endroit improbable. Elle s'assied avec nous, curieuse d'en savoir plus.

« J'ai tout fait dans ma vie, sauf hippie, nous dit-elle en riant.

— Il faut le faire, c'est vraiment bien, répond Nicola, la bouche pleine.

— Ce serait bien, mais je ne peux pas, explique Maïté. Mon mari est malade et il faut que je travaille pour payer ses soins. Le pire, c'est que je passe dix heures par jour dans cette station-service et qu'au final, je ne le vois presque pas. Mais je n'ai pas le choix. »

Maïté nous laisse dormir dans son restaurant fermé et, à notre départ, c'est elle qui nous remercie chaleureusement :

« C'est bien de rencontrer des jeunes comme vous, qui se bougent. Ça redonne espoir ! »

Tout ragaillardis par cette belle rencontre, nous reprenons la route.

Algeciras, 6 février 2010

Françoise, une Française d'une cinquantaine d'années, nous est envoyée par la Providence : elle descend jusqu'à Almería, à 400 kilomètres, juste en face de l'Algérie. Nous avions justement prévu de nous y arrêter quelques jours pour réceptionner un deuxième panneau solaire dépliant, indispensable pour recharger l'ordinateur. Nous n'avons en effet pris aucun câble d'alimentation électrique. Nous tenons absolument à réaliser un film vidéo professionnel et attrayant pour relater notre voyage. Nous attendons cinq jours l'arrivée du précieux colis, cinq jours qui nous semblent épuisants de banalité. Nous passons le plus clair de nos journées sur la plage, à écrire des articles que nous publions dans quelques petites revues, et nous cherchons de la nourriture tous les jours. Mais nous sommes assez contents du bilan de ces deux premières semaines : 2 436 kilomètres parcourus, une empreinte écologique estimée à 320 kilos de CO_2 pour nous trois ! Seuls le vélo ou la marche peuvent faire mieux.

Après Almería, à bord d'un poids lourd venu d'Europe de l'Est, nous entrons dans le «jardin de l'Europe». Des champs recouverts de bâches plastique s'étendent à perte de vue. Ils fournissent tous les pays au nord en fruits et légumes : tomates, melons, poivrons, fraises... Pour la première fois de notre voyage, nous tombons sur des policiers qui veulent nous chasser du bas-côté où nous faisons du stop.

«*Auto-stop prohibido*[1]», nous dit l'officier.

Nous tentons de parlementer, mais rien à faire, il faut partir. Heureusement, nous faisons d'autres rencontres plus agréables : une épicière bulgare nous offre deux pains, des croissants, du fromage... Décidément, dans cette région, notre salut vient des étrangers.

Le matin, des dizaines de journaliers attendent au bord des routes les camions qui doivent les emmener dans les champs bordant le littoral. La plupart sont venus illégalement d'Afrique. Ils travaillent dix heures d'affilée sous les bâches de plastique, sans masque, dans les vapeurs de pesticides, par une chaleur étouffante. Le tout pour un salaire de misère. Malgré cela, aucun ne se plaint.

«Il faut bien travailler», nous dit l'un d'eux.

Entassés dans les camions qui les emmènent dans les champs, ils rigolent en nous voyant faire du stop au bord de la route.

C'est un Ukrainien qui nous embarque cette fois, à bord d'une vieille Audi trafiquée. Avec son moteur

---

1. «Auto-stop interdit.»

Algeciras, 6 février 2010

Renault, elle n'avance pas, mais Viorel est tout content de pouvoir piloter une Audi : « La meilleure voiture au monde ! » En nous écoutant raconter notre épopée, il comprend vite que nous n'avons rien mangé depuis le matin et nous traîne de force dans un hard-discount, où nous nous voyons offrir un sachet de fruits secs, des biscuits au chocolat et du jus de fruits.

Petit à petit, le paysage se transforme. Aux abords de Málaga et Marbella, les étendues de serres laissent place aux complexes hôteliers. Certains ne sont pas terminés, victimes de la crise immobilière qui secoue l'Espagne. À Algeciras, Rafael, un ouvrier, nous interpelle :

« Que venez-vous faire ici ? Il n'y a rien à voir !

— Nous allons au Maroc !

— Sans argent ? Faudra m'expliquer comment vous allez vous y prendre ! »

Nous ne le savons pas davantage que lui. Un ferry part tous les deux jours pour Tanger. Comment embarquer sans payer ? Assis près du port, nous fumons une cigarette. L'Afrique est en face de nous, à une vingtaine de kilomètres. Déjà, l'atmosphère a changé. Dans les ruelles exiguës et tortueuses du centre, les Marocains sont plus nombreux que les Espagnols, et ce soir-là, nous récupérons pour notre repas deux pains marocains ronds, délicieux. Pour la première fois, nous passons la nuit à la belle étoile, l'air est chaud. L'Europe est bien derrière nous.

Tanger, 8 février 2010

Un lit sommaire, dans un hôtel louche. Quelques voix, presque inaudibles, s'élèvent dans la nuit. Un croissant de lune jette une lueur blafarde. Depuis notre arrivée à Algeciras, deux jours se sont écoulés, deux petits jours pour passer d'un continent à l'autre. Même si la distance n'est pas très importante, nous avons l'impression d'avoir plongé dans une autre dimension.

Traverser le détroit de Gibraltar n'a pas été de tout repos. Nous avons tenté, en vain, de trouver le capitaine du ferry pour nous faire offrir le passage. Impossible de faire du stop, car la traversée se paie au nombre de passagers et non par véhicule. Renseignements pris au bar du port, la seule possibilité était de se faire embarquer chacun par un poids lourd, car les chauffeurs routiers ont chacun droit à un passager gratuit. Frank et René, deux Suisses, et un Marocain ont accepté de nous prendre chacun comme pseudo-copilotes. Finalement, une fois à bord du ferry, un douanier essaie de nous soutirer de l'argent. Nous lui opposons, goguenards, les mots appris avec Abdel et Ahmed : « *Wallou flouz !* » Il grimace et se résigne, donne un coup de tampon baveux sur nos passeports : « Bienvenue au Maroc ! »

Une fois débarqués, Frank, l'un des deux Suisses, débonnaire et bedonnant, nous invite chez lui :

« *Hier können Sie nicht draussen schlafen*[1] », nous prévient-il.

Malgré le mauvais accueil que nous fait sa femme, qui n'a pas été avertie de notre arrivée, nous nous effondrons sur les vastes canapés du salon. Nos amis suisses nous mettent rapidement en garde, devant un petit déjeuner pantagruélique, contre les risques qui nous guettent.

« S'aventurer en fin d'après-midi à Tanger, c'est très dangereux », affirme Frank.

Mais nous décidons de faire la sourde oreille et partons à la découverte de la ville.

Le premier automobiliste qui nous prend en stop finit par comprendre que nous ne lui donnerons pas d'argent. Nous terminons le trajet à pied. Un groupe de jeunes nous interpelle :

« Pourquoi ne prenez-vous pas le bus ?
— *Wallou flouz !* »

Décidément, ces deux mots sont bien utiles.

Tanger est immense et animée. Les rues sont remplies de vendeurs de gadgets, de confiseries, de

---

[1] « Vous ne pouvez pas dormir dehors par ici. »

Tanger, 8 février 2010

vieux vêtements, de toutes sortes d'objets insolites. Les gosses jouent dehors, tandis que leurs mères, la tête recouverte du traditionnel foulard, discutent. Les hommes, installés aux terrasses des cafés, fument la pipe ou boivent le thé. Les heures passent, mais l'animation ne faiblit pas. Ce n'est qu'à minuit que les rues semblent se vider un peu, et nous nous mettons en quête d'un endroit pour dormir. Les marchands de fruits et légumes remballent la marchandise, nous en profitons pour récupérer quelques fruits et ce délicieux pain marocain, au bon goût de blé grillé. Rafael, un Espagnol un peu fou, nous aborde :

« Que faites-vous là ? Vous êtes perdus ? »

Nous lui racontons notre histoire. Il est ravi.

« Sérieux ? Génial, les gars, j'aime ça ! Voyons ce qu'on peut faire pour vous. Ici, c'est très simple, il suffit de demander ! »

Rafael nous emmène dans ce qui ressemble vaguement à un hôtel, nous présente à l'homme qui prend le frais sur les marches. Celui-ci refuse de nous laisser entrer.

« Mon patron ne voudra pas, je ne peux pas l'appeler.

— Ce n'est pas grave, lui répondons-nous, connais-tu un endroit sûr pour dormir ?

— Il y a bien un kiosque dans le parc, mais je ne suis pas sûr que ça soit bien, il y a souvent des vagabonds par là-bas. »

Silence. Rafael insiste. Le jeune Marocain regarde à droite, puis à gauche.

« Je vous laisse une chambre. Mais ne faites pas de bruit, ne parlez pas aux autres clients. Pas de douches. Et demain, à 6 heures, vous partirez sans rien dire. »

Nous nous confondons en remerciements.

« Ne me remerciez pas, dit-il. Ce n'est pas moi, c'est Allah. C'est mon devoir. »

Nous devons avoir l'air étonnés, car il nous demande :

« C'est votre première fois au Maroc ? »

Nous acquiesçons.

« Alors, soyez les bienvenus. C'est la règle, un bon musulman doit aider les étrangers qui croisent sa route. C'est ainsi, c'est la volonté d'Allah. Vous ne connaissez pas le Coran, vrai ? Vous êtes ce que l'on appelle des "passagers". On vous doit respect, nourriture et un toit. »

Je suis émerveillé. J'ai toujours eu une idée négative du Coran, d'abord parce que c'est un livre religieux, et ensuite à cause de ce que véhiculent les médias en France. Et lorsque Mustafa – c'est son nom – apprend qu'aujourd'hui c'est l'anniversaire de Nicola, il nous offre en plus un peu de « chocolat ».

« Profitez bien et n'oubliez pas : demain, 6 heures, ne me dites rien ! »

Avant de dormir, nous fumons un peu en l'honneur de Mustafa et de sa générosité.

Asilah, 9 février 2010

« *Salamaleikum*, je viens en paix... *Aleikum salam*, je te reçois en paix... »

Jour après jour, je découvre ces mots, véritables paroles magiques à prononcer en toutes circonstances. Grâce à elles, où que nous allions, nous sommes reçus comme des princes. C'est Rafael, notre ange gardien espagnol, qui nous a enseigné cette règle :

« Au Maroc, à tout moment, quelles que soient la situation ou la personne, il faut engager la conversation en disant "*Salamaleikum*" et regarder son interlocuteur dans les yeux. »

Et il avait ajouté :

« Un Marocain qui croise ton regard ne te fera jamais de mal, c'est de ceux qui l'évitent qu'il faudra te méfier. »

Cette leçon apprise, Rafael nous a emmenés au cœur de cette ruche qu'est le centre de Tanger. Nous nous sommes très vite perdus dans ce labyrinthe. Heureusement, le hasard nous fait rencontrer Ishimi, un Marocain qui a vécu à Berlin quelques années. Il nous invite immédiatement à passer la nuit chez lui, ce que nous acceptons tout aussi rapidement. Mais jamais, malgré nos efforts, nous ne trouverons sa maison. Nous faisons halte dans un café pour nous désaltérer, et là nous faisons sensation avec notre bouteille Lifesaver. Notre engin attire l'attention de Mohammed, 25 ans, qui ne tarde pas, à son tour, à nous inviter chez lui. Lui aussi a passé presque toute sa vie en Allemagne et sa famille y vit encore. Mais il est rentré au pays, où il trouve « la vie plus douce ». Il habite la maison de famille, un immeuble de trois étages où vivent aussi son frère et sa demi-sœur. Il nous offre une délicieuse soupe, puis nous invite à fumer un peu de haschisch.

Repus, nous nous endormons doucement dans les vapeurs de kif, quand nous sommes réveillés par des chants et des youyous de femmes. Ce joyeux événement est un mariage qui rassemble une bonne centaine de personnes autour d'un jeune couple. Nous terminons la nuit au son des chants et danses qui montent de la rue, en rêvant à la fête qui va se poursuivre trois jours durant.

Au matin, il est temps pour nous de prendre la route du sud. Notre premier conducteur est un homme d'une quarantaine d'années, Sahid, qui ne parle pas un mot de français. Il nous emmène jusqu'à Asilah, à une heure de route. Curieusement, il semble n'avoir rien à faire là-bas. Espère-t-il obtenir une rétribution en échange ? Nous réalisons que, tout désargentés que nous soyons, avec notre barda et nos têtes d'Européens, nous faisons inévitablement figure de nantis.

Asilah est une jolie cité juchée sur une falaise et protégée par une solide enceinte médiévale. La nuit tombe assez tôt, il pleut doucement et, très vite, les ruelles étroites se vident. Ne restent que quelques chats et des âmes perdues. Finalement, un « gardien », chargé de surveiller un quartier, nous propose pour abri l'entrée d'une maison inoccupée. Fatigués, nous terminons la journée couchés dans nos manteaux, à même le carrelage.

Kenitra, 10 février 2010

À l'aube, la pluie s'est transformée en crachin. Pour la première fois, l'un des automobilistes qui nous embarquent est accompagné de sa femme, non voilée. Nous entamons la conversation avec elle. Elle nous confie que la situation des femmes est compliquée dans la culture islamique, même si les traditions tendent à céder du terrain dans les villes.

La journée est morne : 80 kilomètres parcourus sous la pluie. Dans une station-service, je chipe du pain oublié sur les tables. Un type m'interpelle :

« Vous avez faim ?

— Euh... oui. En réalité, nous sommes affamés.

— Je vais vous offrir de quoi manger, c'est moi le patron ici. »

Décidément, nous sommes vraiment traités différemment des touristes qui se plaignent d'être sans cesse harcelés par des vendeurs à la sauvette ou des gosses qui réclament quelques pièces. Est-ce dû à nos tenues débraillées et à notre mauvaise mine ? Peut-être. En tout cas les Marocains semblent nous trouver sincères dans notre démarche. Notre dîner se composera d'une soupe à la viande de mouton, de pain et d'huile d'olive. Nous mangeons la soupe avec réticence, écartant soigneusement les morceaux de viande : le régime végétarien ne semble pas avoir cours ici. Puis le patron nous emmène dormir chez lui, à l'étage au-dessus. Dans son petit salon arabe, meublé de canapés et de tapis, il nous offre le thé et, bien entendu, un joint. À 25 ans, Ahmed est déjà riche : il possède un petit négoce de fraises, qu'il exporte en Scandinavie où elles sont vendues vingt fois plus cher qu'au Maroc.

Fez, 14 février 2010

Le lendemain matin, le sens de l'hospitalité d'Ahmed ne se dément pas. Fromage, pain, olives, café nous attendent pour le petit déjeuner. Ahmed nous présente ses amis, tous vêtus de djellabas noir et blanc et d'un petit chapeau rouge traditionnel. Ils se rendent à la mosquée. De notre côté, nous profitons du retour du beau temps pour faire sécher nos affaires et charger nos batteries grâce aux panneaux solaires.

Vers midi, nous repartons grâce au conducteur d'une camionnette remplie d'outillage. La région est montagneuse, verdoyante, et la route cahoteuse. Nous sommes surpris : pour nous, il n'y avait que du désert au Maroc ! Sur la route, une famille nous offre le thé et les délicieux gâteaux qui l'accompagnent, et nous leur racontons notre voyage.

Le lendemain matin, après une nuit passée sur le toit d'une auberge de jeunesse, nous sommes réveillés par les centaines de muezzins qui appellent à la prière. Nous sommes au cœur de la médina de

Fez. De notre terrasse, nous tentons de discerner le plan de la ville : peine perdue. Et de fait, descendus au cœur de la médina, nous ne tardons pas à nous égarer entre les boutiques pour touristes, les marchands d'épices, les ateliers de poterie, les boulangeries, les cordonniers et tant d'autres encore... Les gosses s'amusent à courir le plus vite possible dans la foule des passants, Marocains en tenue traditionnelle ou touristes américains souvent voyants et débraillés.

Nos pérégrinations nous mènent sur une petite place, suffisamment grande pour qu'un rayon de soleil s'y infiltre. Abdelatif, un petit homme d'une soixantaine d'années, nous y aborde d'une voix douce. Il est instituteur et nous invite à visiter son école le lendemain. Puis c'est Mohammed, un jeune homme aux cheveux longs – chose rare au Maroc –, qui nous propose le gîte pour la nuit. Nous voilà partis sur ses pas, sans savoir encore qu'il habite dans le quartier de l'université, à une heure de marche environ !

Sortis de la vieille ville, c'est une tout autre ambiance qui s'offre à nous. Les femmes ne sont plus voilées, la circulation automobile est intense, les hommes ne portent plus la tenue traditionnelle. Du coup, la médina nous semble un peu artificielle, un truc pour touristes. La nuit tombe quand nous finissons par arriver chez des amis de Mohammed, où nous sommes fraîchement accueillis. Notre hôte est dépité et gêné. Du coup, nous découvrons qu'en réalité il n'a pas de chambre et qu'il vit en haut

Fez, 14 février 2010

d'un escalier, devant la porte qui mène au toit. Il s'est installé sur des cartons, avec ses seules possessions : quelques vêtements et des livres. Notre nuit se passera à ses côtés, sur les larges marches de l'escalier. Malgré ses maigres moyens, Mohammed nous offre du thé et des biscuits le lendemain matin. Impossible de refuser, même si nous savons que Mohammed est bien plus pauvre que nous. Je me sens très gêné, j'ai l'impression de commettre une injustice. Mais j'apprends aussi que la nature humaine peut être généreuse, que les gens ont plaisir à donner et qu'il faut savoir recevoir avec humilité.

Rabat, 15 février 2010

> « Une illumination soudaine semble parfois faire bifurquer une destinée. Mais l'illumination n'est que la vision soudaine, par l'Esprit, d'une route lentement préparée. »
>
> Antoine de Saint-Exupéry

Il est des moments comme ça, où l'on ne contrôle plus rien, où l'on devient aveugle, inconscient, sourd à toutes les précautions ou les messages de raison… C'est ce qui nous est arrivé ce soir-là, sur la route de Rabat. Nous étions bien installés sous un lampadaire, en train de faire du stop. Il y avait encore un peu de circulation, donc un peu d'espoir d'être pris par un automobiliste… et pourtant, poussés par une envie plus forte que nous – et peut-être par les gosses qui nous jettaient des oranges trop mûres –, nous nous sommes mis en marche dans la nuit.

« Dans le pire des cas, on trouvera un petit coin pour dormir à la belle étoile, avais-je dit à mes compagnons. Il fait bon et il ne va pas pleuvoir. »

Il faut dire que la journée ne nous avait pas réservé de bonnes surprises. Pour atteindre la sortie sud de la ville, nous avions marché des heures. Nous nous étions arrêtés dans un McDo pour trouver de quoi manger et nous connecter à Internet et il s'était produit un incident fâcheux. Raphael avait commencé à dévorer un hamburger qu'il croyait abandonné sur un plateau, quand sa légitime propriétaire est revenue. Elle ne s'était absentée que quelques instants. Pleins de honte, nous avons déguerpi à toute vitesse, avec la désagréable sensation d'avoir failli à nos propres engagements.

C'est ainsi que nous nous sommes retrouvés en pleine nuit à marcher en file indienne au bord d'une route. Autour de nous, le paysage est presque désertique, on devine une plaine aride. Au loin se dessine la silhouette des montagnes. À chacun de nos pas, de nouvelles étoiles s'allument au-dessus de nous. L'air est tiède, une légère brise nous caresse les cheveux. C'est une nuit magnifique. Nous avançons en silence, remplis d'émotion. Tous nos doutes s'évanouissent dans la magie du moment.

Alors que nous cherchons un coin pour dormir, un camion s'arrête à notre hauteur. Il y a déjà trois personnes dans la cabine, dont le chauffeur, un gaillard au visage rond, qui laisse échapper un rire aigu.

« Qu'est-ce que vous faites là ?
— Nous marchons. »

Il rigole de plus belle en secouant son voisin par l'épaule.

« Et vous allez où ?
— Dans le sud. »

Il rit de plus belle, d'un rire contagieux qui fait que bientôt nous rions avec lui.

« Vous êtes fous ! Je vous emmène, alors ! »

Et c'est ainsi que nous nous retrouvons mal assis au fond de la cabine du camion de Moussa. L'endroit est inconfortable, le bahut secoue pas mal. Mais malgré cela je suis plein de joie et j'aimerais pouvoir coucher mes sensations sur le papier. J'ai le sentiment que, pour la première fois de ma vie, je n'ai pas écouté mes pensées trop rationnelles. En faisant le choix de marcher ainsi vers l'inconnu, je me suis séparé de mes peurs, de mes doutes. J'ai fait le vide en ne pensant qu'au moment présent, à la nuit autour de nous. Cette sensation est magique. Cette impression d'abandon, de relâchement total, c'est une vraie révélation pour moi.

Il nous faut quatre heures pour arriver à Rabat, dans les cahots de la route et les rires de Moussa, qui rigole franchement en nous écoutant raconter nos aventures. À l'arrivée, bien sûr, il nous emmène chez lui, un trois-pièces soigné, décoré de céramiques bleu et blanc. Un petit festin nous y attend.

« C'est chez moi ici, nous annonce Moussa. Soyez les bienvenus, faites comme chez vous. Ma femme est au-dessus, chez sa mère. Vous m'avez dit que vous ne mangiez pas de viande, alors elles ont juste préparé un tajine de légumes. »

Et il part rejoindre sa femme, nous laissant l'appartement et le repas.

Alors que quelques heures auparavant nous étions au bord de la route, en pleine nuit, affamés, nous voici affalés sur des sofas, en train de déguster un tajine végétarien. Et le lendemain matin, c'est un petit déjeuner de pain, de fromage blanc et d'olives qui nous attend. Vers 10 heures, Moussa nous rejoint et nous propose de rester quelques jours en sa compagnie. Cette fois-ci, nous acceptons sans hésiter : un peu de repos ne nous fera pas de mal. Notre hôte nous fait découvrir son quartier, semblable à tant de quartiers de banlieue en France : des tours de béton, entourées de quelques arbres et de carrés de gazon, une aire de jeux pour les enfants, et à l'extérieur de cette enceinte, un immense terrain vague. J'aperçois un vieil homme qui tire une énorme charrette à bout de bras. Il s'arrête devant les conteneurs à ordures et ramasse morceaux de plastique, métaux et ce qu'il peut récupérer. En toile de fond, des immeubles perdus dans la brume grise.

« C'est Rabat, je vous y emmène demain », annonce Moussa.

Mais le sort va en décider autrement. En faisant – enfin – la connaissance de la femme de Moussa, nous découvrons qu'elle est sur le point d'accoucher. Le lendemain matin, le petit déjeuner nous attend, comme la veille, mais personne en vue. Sur le coup de midi, Moussa apparaît, essoufflé :

« Je suis papa ! » nous crie-t-il, tout heureux.

Et nous voilà tous partis pour l'hôpital, où la famille est réunie dans la salle d'attente. Deux heures plus tard, la jeune épouse nous présente le bébé : Yaryah, l'« élu ». Moussa insiste pour que nous prenions le petit dans nos bras et que nous lui parlions chacun dans notre langue :

« Vous êtes comme les Rois mages venus célébrer la naissance de notre fils », déclare-t-il avec solennité.

Le bébé est adorable, petite boule de vie qui dort à poings fermés, quelques cheveux sur la tête, la peau légèrement brune. À notre grande surprise, le soir même, Moussa nous annonce fièrement qu'il s'est arrangé avec son patron : il a obtenu un chargement pour Agadir, à 600 kilomètres au sud, ce qui lui permet de nous emmener là-bas.

En route, nous parlons beaucoup. J'essaie de lui dire qu'il devrait rester avec sa femme et son bébé, sans me rendre compte de l'arrogance de mes propos. Il me le fait gentiment comprendre :

« C'est un autre monde, tout est différent ici. J'aime Yaryah, mais c'est ma femme qui s'en occupera. »

Puis il jette un paquet de cigarettes vide par la fenêtre, et là encore, je lui fais une remarque. La discussion se poursuit, sur l'égalité des sexes, par exemple. Pour Moussa, pas de doute : la femme est inférieure, c'est écrit dans le Coran. J'essaie de le convaincre du contraire, comme si je devais lui enseigner quelque chose en échange de tout ce qu'il nous a donné. Il veut nous inviter au restaurant pour le repas du soir, et là encore je refuse d'une manière un peu agressive. Sa bonté m'étouffe un peu, j'ai le sentiment d'être en position d'infériorité, d'être redevable de quelque chose. Je réalise que je fais fausse route : c'est Moussa qui, par sa simplicité et sa générosité désintéressée, nous a offert une leçon de vie.

Guelmim, 20 février 2010

Le marché où nous laisse Moussa est un immense bazar ; les rues sont emplies de monde, d'animaux, l'air résonne des cris ininterrompus des vendeurs. Des camionnettes surchargées vont et viennent, convoyant des montagnes de fruits et légumes. Au milieu du bruit et du monde, Moussa nous offre un dernier thé à la menthe. Exténués par la route, nous cherchons nos mots pour le remercier, mais il nous interrompt :

« *Mashi mouchkil*, pas de problème, mes frères ! »

Il n'est pas difficile de trouver de quoi manger ici. Les maraîchers nous offrent des fruits et légumes qui, de toute façon, se seraient perdus dans la boue ou auraient été écrasés sous les roues des camions. Nous sommes à une heure de marche d'Agadir. Nous y arrivons par le nord et pénétrons donc dans le quartier le plus touristique. Des dizaines d'hôtels longent de larges avenues bien propres, les arbres en fleurs sont soigneusement taillés. Quelques touristes se baladent devant les multiples restaurants qui préparent les tables pour la journée. Pour nous, c'est une bonne surprise : nous allons pouvoir récupérer de la nourriture en abondance ! Mais avant toute chose, nous avons hâte de nous baigner. Hélas, quand nous débarquons sur la promenade, nous remballons notre enthousiasme : la mer est agitée, la plage couverte de bois flotté et de déchets divers, séquelles de la tempête de la nuit précédente. Le ciel est lourd et menaçant, quelques gouttes perlent, puis la pluie se met à tomber.

C'est à 11 heures du soir, une fois l'orage passé, que nous décidons d'aller quémander des restes dans les multiples restaurants de la ville. Premier choix, première prise : Jawad nous invite à revenir une heure plus tard, à la fin de son service. Il nous offre alors une délicieuse pizza végétarienne puis nous emmène chez lui pour dormir. Jawad annonce être berbère, et, dit-il, « les Berbères aident toujours ceux qui sont dans le besoin ». L'homme habite à une heure de marche de là, dans une maison en ciment brut. Il n'y a pas d'électricité, et lors de la tempête de la veille, l'eau s'est infiltrée partout. Il y a juste un coin de sec dans la cuisine, où nous pouvons nous installer. Il nous donne des restes de riz et de patates qui attendent sur la cuisinière, tandis que son épouse sort de la chambre pour nous souhaiter la bienvenue. Une fois encore, nous sommes embarrassés par tant de générosité, sans pouvoir échanger car Jawad ne parle qu'un français modeste.

Au-dehors, l'endroit paraît encore plus dévasté : des bâches déchirées sur le sol, des débris de béton

Guelmim, 20 février 2010

et d'aggloméré un peu partout, et un énorme tas de détritus. Je fouille à la recherche d'une paire de chaussures, car les miennes sont trempées. Jawad m'aperçoit et m'offre des sandales, qu'il m'est impossible de refuser.

Il est temps pour nous de partir en quête d'un bateau qui nous emmène aux Canaries. Mais, une fois au port, nous comprenons vite que le moment est bien mal choisi. La foule s'est agglutinée autour des pontons dévastés par la tempête. Des centaines de petits bateaux de pêche ont coulé dans la nuit. Une grue les remonte un à un, en espérant pouvoir en sauver quelques-uns. Un pêcheur nous explique que ce sont trois gros navires de commerce qui, mal amarrés, ont provoqué ce désastre. Un calme étrange règne, chacun affiche un air résigné. « Allah est grand », soupire un pêcheur qui a perdu ses deux embarcations. Un autre nous dit que nous ne trouverons rien par ici, que pour faire la traversée, il faut aller à Laâyoune, dans l'extrême sud du pays. Un ferry y fait la liaison avec les Canaries. Nous décidons de partir dès le lendemain matin.

Laâyoune, 20 février 2010

Une station-service dans la nuit noire. Derrière nous, les lumières de Guelmim. La route s'élance, disparaît dans l'épaisseur de la nuit. Une brise fraîche souffle par intermittence. Quelques rares véhicules passent de temps à autre, aussitôt engouffrés par le néant. Nous sommes aux portes du désert. Pas sûr que nous arrivions à décoller de là… Une voiture s'arrête pourtant à la pompe. Nous nous précipitons. Rachid et Youssef veulent bien nous embarquer, mais ils ne sont pas certains d'avoir assez d'essence pour atteindre Tan-Tan, au bord de la mer. Tant pis, nous tentons notre chance.

Nous roulons quelque temps dans un paysage désertique. Mille étoiles brillent dans le ciel. Je me laisse aller, quand mes rêves s'interrompent dans un bruit sourd. La voiture s'arrête. Au milieu de nulle part, c'est la panne sèche. Nous poussons de concert et la voiture redémarre. Quelques kilomètres plus loin, il faut recommencer. Nous sommes encore à

80 kilomètres de Tan-Tan et, à ce rythme, nous n'arriverons jamais à destination.

Youssef et Rachid appellent un ami qui vient les dépanner avec deux petits bidons d'essence. Nous parvenons péniblement jusqu'à un point de contrôle militaire : nous sommes au Sahara occidental, la situation est tendue. Nos appareils photo font tiquer les gardes, l'un d'eux nous demande ce que nous allons faire à Laâyoune. J'explique que nous cherchons un bateau pour gagner les Canaries. Il m'écoute, l'air incrédule, puis sourit et nous laisse passer.

Le jour se lève sur un paysage somptueux : la mer d'un bleu azur vient lécher doucement la plage. Un bain est le bienvenu après la poussière du désert, et nous nous précipitons dans l'eau. La chaleur est insupportable. Impossible de marcher, et la lumière nous aveugle. Il reste encore 300 kilomètres avant d'atteindre Laâyoune. Cette dernière étape s'annonce difficile : il passe peu de voitures et toutes sont pleines à craquer. Les Mercedes « zombies », ramenées d'Allemagne, transportent six ou sept personnes et des tonnes de bagages sur le toit. Conduits par des retraités français ou allemands en route pour le Sénégal ou la Mauritanie, des camping-cars flambant neufs nous dépassent. Personne ne s'arrête. Nous nous relayons pour faire du stop, tentant de trouver un peu d'ombre sous un lampadaire ou un buisson. Autour de nous, une usine de diesel, une poissonnerie gigantesque et le désert. Nous devinons la mer à l'ouest, tandis qu'un vent chaud souffle de l'est. Les heures défilent et notre patience est mise à rude épreuve. Quand le jour s'étire, la chaleur tombe un peu, le désert se teinte de rouge, la lune est haute dans le ciel. Les jeunes ouvriers de la poissonnerie nous remarquent et s'approchent de nous, curieux.

« Vous voyagez sans argent ? nous demande l'un d'eux. Pourquoi ? »

Je lui réponds :

« Pour voyager écologiquement, sans consommer et donc sans polluer.

— Et comment faites-vous pour payer le bus ?

— On fait tout en auto-stop. »

Ils sont interloqués et échangent quelques mots en arabe.

« Que faites-vous si personne ne s'arrête ?

— On marche.

— Ah, mais ici il ne faut pas faire ça, vous marcheriez des jours !

— La mer est loin d'ici ?

— De la route ? »

Nous nous regardons : chacun pense à la rencontre avec Moussa, au destin qui frappe au bon moment. Nous sommes un peu inconscients. Nous nous mettons en marche alors que les dernières couleurs s'estompent à l'horizon. Les premières étoiles jaillissent dans le ciel. Quelques cris nous retiennent : les jeunes de la poissonnerie nous rattrapent en courant, avec un sac de victuailles. Pain, huile d'olive, petites briques de lait, pommes et

Nescafé. Leur cadeau nous touche. Et comme nous l'avions pressenti, quelques centaines de mètres plus loin, une voiture s'arrête. En réalité, l'automobiliste est en panne, il tente de réparer son moteur et refuse d'abord de nous prendre. Puis, à force de parlementer, il nous embarque dans sa vieille Mercedes en maugréant. Hassin nous confie qu'elle date de 1979 et que le compteur indique plus de trois millions de kilomètres ! Dans les sièges amples et très confortables, en cuir usé, chacun se détend un peu, même Hassin, qui retrouve le sourire. Le voyage se terminera, comme souvent dans ce pays, par une bonne nuit de sommeil dans le salon de notre hôte.

À Laâyoune, nous découvrons un autre visage du Maroc. Les maisons y sont faites de terre rouge, la chaleur est suffocante. Dès les murs d'enceinte de la ville franchis, on se retrouve face aux dunes et au désert. Les tensions séparatistes entraînent une présence policière pesante. C'est d'ailleurs un policier en civil qui nous prend en stop pour nous emmener au port, à une vingtaine de kilomètres de là. L'ambiance est déjà très différente, les rues sont sales, il flotte une odeur de poisson mort, nous croisons des bars à putes. Des militaires nous contrôlent : serions-nous journalistes ? Heureusement, notre chauffeur leur montre son badge de policier et, grâce à lui, nous pouvons accéder au port. Là, une mauvaise surprise nous attend. Il n'y a ni ferry ni bateau de commerce pour gagner les

Canaries. Nous avons le choix : soit descendre au Sénégal, mais il nous faut un visa que nous devrons aller chercher à Rabat ; soit tenter notre chance à Agadir. Mais dans les deux cas, il nous faut rebrousser chemin et remonter vers le nord.

Retour à Agadir, 5 mars 2010

Nous revoilà sous l'arche monumentale qui marque l'entrée du désert. Une fois encore, je ressens une mystérieuse force d'attraction. Je voudrais me lancer en avant, marcher sans me retourner, plonger dans l'atmosphère sèche et fascinante du Sahara. Je n'en fais rien, nous attendons sagement au bord de la route. Une voiture s'arrête, avec deux hommes à l'intérieur : Mohammed et Laroussi. Mohammed a un visage rond et jovial, une bonne bedaine qui le colle au volant. Il nous annonce d'emblée qu'ils sont contrebandiers :

« Vous ne risquez rien avec nous ! » s'esclaffe-t-il.

Tandis que nous roulons entre les dunes, il raconte :

« Il y a bien des contrôles de police, mais ils ne servent à rien. Nous connaissons les routes du désert. Et quand on a un chargement, on ne prend pas cette voiture-là, on prendre des 4 × 4 Toyota. Vous connaissez ? C'est Ben Laden qui dit que c'est la meilleure voiture, je te jure ! »

Les deux complices sont plutôt drôles. Ils nous expliquent que les Sahraouis ne se perdent jamais dans le désert. Quand ils quittent une piste pour contourner un barrage, les militaires ne tentent jamais de les suivre. « Ils ont trop peur... et ils ont raison ! » Mais, arrivé au barrage suivant, Mohammed glisse un billet au militaire et nous passons sans problème. Au village de Tarfaya, notre chauffeur est en terrain connu : il roule au ralenti, salue tout le monde et nous achète deux baguettes et du fromage pour notre repas. Nous passons la nuit dans les dunes proches de la plage, à quelques centaines de mètres de la garnison française. La nuit est sans nuages, nous dormons sous les étoiles, bercés par le va-et-vient puissant de la mer.

Le soleil brûlant dès le matin nous réveille. Nous partons inspecter la flotte locale, qui se limite à quelques barques.

« Pour aller aux Canaries d'ici, il faut payer le prix fort, nous explique un pêcheur. Le voyage est dangereux, les gardes-côtes espagnols veillent. »

Ce n'est pas ici que nous trouverons une embarcation pour nous trois. Retour en plein désert pour une séance de stop éprouvante : la chaleur est intenable, impossible de s'abriter. Les rares voitures qui passent sont remplies à bloc. Le sol est ocre, rocailleux et la poussière rouge du sable voile le paysage. Nicola s'inquiète : l'attente est longue et nous avons oublié de remplir nos gourdes. Il nous reste moins d'un litre d'eau pour nous trois. Nous sommes étourdis par la chaleur, asphyxiés par cet air chargé de sable.

Dans l'après-midi, alors que nous commençons à désespérer, une vieille berline bleue s'arrête. Busoula, un pêcheur, nous propose de nous emmener jusqu'à Tan-Tan. Nous reprenons la route que nous avons empruntée avec Hassin. Pas un village sur une centaine de kilomètres. Je crois même apercevoir un homme seul au bord de la route. Je ne suis plus sûr de ce qui est réel ou non. Mon crâne vibre, les débuts d'une insolation se font sentir. J'ai soif, nous n'avons plus une goutte d'eau et nos lèvres desséchées par le soleil commencent à se fissurer.

Nous arrivons à Tan-Tan dans la soirée. Nous nous empressons de demander de l'eau et on nous offre, en plus, le pain de la veille. Les petits pains marocains, ronds comme la lune et moelleux comme des beignets, sont un délice. Nous les savourons avec de l'huile d'olive, forte et nourrissante. Étrangement, nous décidons de ne pas passer la nuit sur place, mais de poursuivre notre route. Bien nous en prend, nous trouvons rapidement une voiture qui nous emmène jusque dans la banlieue d'Agadir, et bien sûr nous finissons la nuit sur de bons vieux canapés marocains.

Dès le lendemain, direction la marina afin de trouver un bateau pour les Canaries. Ce petit quartier résidentiel sur le front de mer, bordé de restaurants et de bars, est très surveillé, mais nous parvenons à y accéder grâce à nos têtes d'Européens. L'un des douaniers nous informe qu'un voilier est en partance pour l'Amérique. Mais le propriétaire, un Tchèque, n'est pas très enthousiaste à l'idée de nous embarquer. Pas grave. La journée se passe paisiblement au port, et le soir nous récupérons de la nourriture dans un hôtel de luxe. Et dès le lendemain matin, miracle : un douanier nous prévient qu'un grand blond est d'accord pour nous embarquer. Nous n'arrivons pas à y croire ! Mais il est bien là : torse nu, muscles saillants, une tignasse blonde et des yeux bleus comme la mer. Robin est belge et il voyage avec sa copine française, Karine. Ils partent dans quelques jours pour Fuerteventura.

Pour fêter ça, nous nous offrons une nuit à la belle étoile, au sommet d'une colline. Le ciel est magnifique, des milliers d'étoiles scintillent dans le ciel, et nous savons de quoi demain sera fait. Ce soir-là, je m'interdis de douter.

Fuerteventura, 20 mars 2010

La grand-voile se gonfle d'un air pur, le ciel est bleu, teinté de rose et d'orange. Agadir disparaît au loin et nous ne distinguons bientôt plus que l'inscription sur la colline qui surplombe la ville : « Allah est grand », le dernier message de nos amis musulmans avant de prendre la mer. Moment de pur bonheur. Mais très vite, les eaux calmes de la baie se font plus puissantes. Le ciel se couvre. Et il ne faut que quelques minutes pour que nous soyons tous trois étendus sur le pont, nauséeux, le teint livide. Réfugiés dans le bateau, allongés sur nos matelas, impossible de bouger, de lever la tête. Nous sommes terrassés par le mal de mer tandis que les mouvements du bateau résonnent avec violence. Je pense aux esclaves qui subissaient des traversées à fond de cale sans jamais respirer l'air libre. Chaque coup de roulis nous semble le dernier, nous imaginons le pire, l'engloutissement dans les eaux profondes de l'Atlantique.

De temps en temps, j'ouvre les yeux. Robin, tranquillement allongé sur sa couchette, fume un joint. Malgré la tempête, il demeure calme, le regard perdu dans le vide, laissant le pilote automatique se mesurer aux éléments. Cela me rassure un peu. Je me serre un peu plus contre Raphael pour m'apaiser et nous échangeons quelques paroles consolatrices.

Un bruit sourd me sort de ma torpeur. Je suis en sueur. Le roulis n'a pas faibli. Je prierais tous les dieux pour que ce manège cesse, mais il n'y a rien à faire. Robin a quitté sa couchette, j'entends ses pas sur le pont, quand soudain il apparaît : le pilote automatique a été arraché, il faut de l'aide pour le revisser. Dans un effort surhumain, je me redresse ; mon estomac se tord immédiatement. Par miracle, j'arrive à attraper le tournevis et le fais tourner machinalement dans le bois. Les grincements du pilote reprennent, je lâche le tournevis et m'écroule à nouveau.

Je me réveille plusieurs heures plus tard, le roulis a presque cessé. Je me sens mieux et je sors de la cabine. Robin me salue et, tandis que je respire de l'air frais à grandes goulées, il m'avoue qu'il s'est fait peur car nous aurions pu y rester. Et moi qui me rassurais en le voyant si serein !

Au bout de quarante-deux heures de voyage, nous débarquons sur l'île de Fuerteventura. C'est un bout de terre d'une centaine de kilomètres de long, surplombé d'un volcan, au climat aride. Le port de Corralejo est très touristique, peuplé de retraités ou de jeunes Européens en quête de soleil. Les rues bordées de restaurants sont soigneusement balayées, les serveurs hèlent les passants devant les restaurants. Après notre incursion en Afrique, il nous semble être de retour en Europe.

Il nous faut désormais trouver un bateau pour l'île de Gran Canaria, où la plupart des marins font escale avant la grande traversée pour l'Amérique. La partie n'est pas facile, car peu de voiliers s'aventurent à Fuerteventura. Nous attendons trois semaines avant qu'un marin belge nous sorte de là, trois semaines à dormir sur le toit d'un immeuble et à récupérer de la nourriture en ville. Trois semaines pendant lesquelles nous ferons plus ample connaissance avec Robin et Karine. Ils adhèrent totalement à notre projet et eux-mêmes rêveraient de s'y investir. À Fuerteventura, ils nous présentent à leurs amis, notamment un groupe d'Italiens qui ont quitté leur pays pour échapper au régime politique. Ils ont ouvert un café Internet et nous y faisons une expo de nos photos et une projection de *Home*, le film documentaire qui nous a tant inspirés. Nous croisons Wim, qui gère une association pour organiser des nettoyages collectifs des plages effectués par les citoyens eux-mêmes. La gérante d'une auberge de jeunesse nous héberge gratuitement pendant dix jours, et en échange je lui crée son site Internet. Finalement c'est Wim, séduit par notre initiative, qui propose de nous emmener à Gran Canaria sur son voilier, le *Cagou*.

Dès notre départ de l'île, la mer s'agite un peu. Le mal de mer ne tarde pas à me rattraper violemment, mais en pleine nuit je dois prendre mon quart. Wim me secoue un peu. Avant notre départ, il nous avait expliqué les règles. Trois ennemis guettent les marins : la faim, la soif et le froid. Je mange donc un peu, je bois et enfile la combinaison thermique qu'il me tend. Puis je m'attache au harnais de sécurité. Une fois dans le cockpit, je suis saisi par un spectacle unique et le mal de mer disparaît comme par magie. Le bateau danse sur les vagues, la nuit est éclairée par la lune. Mon esprit se relâche, mes muscles se détendent. Je lève les yeux et trouve mon étoile, celle qui me guidera jusqu'au bout, brillante, majestueuse. Elle semble si proche à cet instant. Je me sens bien seul, face à l'océan, entouré par lui, submergé par sa force et fasciné par sa magie. J'exulte, impossible de décrire ce sentiment. La barre vibre doucement dans ma paume. Je suis aux commandes, tout le poids du bateau est concentré dans ma main et pourtant je ne contrôle rien. Ce sont le vent, les vagues et les courants qui m'emportent. Une vague un peu plus forte frappe le flanc du bateau, et nous glissons sur l'écume, je redresse, un coup de vent souffle dans la voile, nous plongeons en avant. Le temps n'existe plus, je suis seul au monde. Je comprends en cet instant ce que ce voyage sans le sou signifie réellement. Comme un voilier emporté par les éléments, je suis propulsé en avant par mon destin. Ma mission : garder le cap.

Las Palmas, 3 avril 2010

Dès que nous posons le pied sur l'île de Gran Canaria, le choc est brutal. Je regrette immédiatement le Maroc, les routes poussiéreuses, la chaleur, les invitations à chaque coin de rue, les sourires… À la vue de ces hautes tours de verre et de béton, cette circulation automobile, ces boutiques et restaurants, je n'ai qu'une envie : partir. Mais il nous faut trouver le port, chercher un bateau pour traverser l'Atlantique.

Une bonne surprise nous est réservée quand même sur cette île bétonnée : la Tomatera, un quartier abandonné suite à la faillite de la banque qui en détenait tous les droits de propriété. Quelques maisons sont occupées par des familles marocaines qui espèrent s'embarquer pour l'Europe. Jamel est l'un d'eux, il attend son heure. Arrivé de Tarfaya à bord d'une barque, il a brûlé ses papiers. Impossible de le renvoyer au Maroc. Il terminera peut-être à Séville dans un centre d'immigration. Une autre maison, d'abord squattée par des junkies, est maintenant habitée par une dizaine de jeunes de tous horizons. Petro et Marcela jouent un peu les chefs de village, instaurant quelques règles. Petro est italien, il pose un regard sobre et sans émotion sur les choses. Il est réservé, mais profondément engagé. Ce qui le motive, c'est d'habiter un lieu qui resterait inoccupé sans sa présence et celle de son groupe. Réutiliser ce qui existe déjà, utiliser ce que la société de consommation produit puis abandonne. Marcela est espagnole, elle refuse tout simplement de mener la même vie que ses parents, elle rêve d'une société différente et semble bien décidée à ouvrir la voie. La grande maison héberge aussi deux jeunes Croates, Tela et Bodi : coiffés de dreadlocks, ils fabriquent colliers, bracelets et autres colifichets pour les revendre sur les festivals d'Europe pendant l'été ; un Espagnol, Pasquale, toujours le sourire aux lèvres, qui profite tranquillement du *paro*, le chômage espagnol, et se contente de vivre au rythme de ses pensées ; une Mexicaine, Indiana, la vingtaine et une envie furieuse de vivre autrement ; un Italien un peu saltimbanque, qui récolte quelques dizaines d'euros par jour en jonglant aux feux rouges ; une Argentine, Patricia, enceinte de Banke, un Belge venu vivre en autarcie dans l'île…

Au milieu de tout ce petit monde, les jours passent, la routine s'installe, et avec elle, parfois, les doutes. À ce stade de notre voyage, je commence à comprendre que nous nous sommes peut-être trompés sur le sens de notre projet : nous voulions démontrer qu'il existait une autre manière de vivre,

Las Palmas, 3 avril 2010

plus écologique. En réalité, c'est nous qui avons tout à apprendre, obligés ainsi de vivre au contact des autres, de ces gens qui nous prennent en stop, qui nous accueillent, qui nous offrent à manger. Je découvre de nouvelles valeurs, une nouvelle façon de regarder le monde.

Pendant vingt-quatre jours, chaque matin, nous faisons trois quarts d'heure de marche pour nous rendre au port de Las Palmas, tenter notre chance parmi les quelques centaines de voiliers à quai. Les amitiés naissent vite dans cet univers clos. Beaucoup de marins sont dans l'attente, ils iront bien aux Caraïbes, mais quand ? Certains sont déjà là depuis dix ans… Pour parvenir à convaincre un skipper de nous conduire jusqu'en Amérique, il n'y a pas trente-six moyens : il faut s'intégrer à la vie du port, prendre le temps de discuter, d'écouter les histoires des uns et des autres. Chaque jour, nous nous installons au Sailor's Bar, le QG des marins, lieu rêvé pour tout savoir des allées et venues des bateaux.

Las Palmas, 27 avril 2010

> « Si tu as de la chance, traverse. Si tu as de la destinée, avance. »
>
> Proverbe grec

La « saison » des traversées entre les Canaries et l'Amérique commence en novembre et se termine en février. Nous sommes en avril, ce n'est pas la bonne période pour faire du bateau-stop. En plus, nous ne sommes pas les seuls sur le coup, nous avons croisé cinq personnes qui cherchaient, elles aussi, un acheminement. En particulier deux jeunes Français, Baptiste et Jérôme, partis comme nous sans argent. Ils sont arrivés en avion de Laâyoune, un ami marocain leur a payé le billet. Ils affirment avoir la même démarche que nous, ce qui m'agace un peu : leur objectif n'a rien d'écologique, ils ne veulent pas démontrer que l'on peut vivre différemment. Mais je finis par m'attacher à eux, en pensant au fond de moi que leur quête – mener la vie la plus simple possible – est peut-être plus honnête que la nôtre. Au fond, ils nous renvoient à la figure le fait que, nous aussi, nous utilisons l'argent des autres pour vivre.

Puis nous rencontrons Andrew, un marginal sorti de prison qui n'a pas respecté son contrôle judiciaire. S'il est arrêté, il risque de retourner au trou. « Plutôt mourir », affirme-t-il. Il laisse sa femme et sa fille de 11 ans derrière lui et veut gagner le Brésil ; selon lui, le « meilleur endroit au monde pour disparaître et se refaire une vie ». Juan, un trentenaire espagnol qui se cherche une raison de vivre, s'accroche à nous. Puis un Péruvien jongleur, qui veut rentrer chez lui. Huit drôles de personnages en quête de bateau... Ne manque plus qu'un fou pour nous embarquer avec lui. Nous mettons au point une véritable stratégie, en passant un maximum de temps au port, pour aborder tous les nouveaux arrivants et faire le tour des transporteurs. Un soir, en fouillant les conteneurs à poubelles, Raphael pousse un cri de joie : un drapeau mexicain ! Pour lui, c'est de bon augure. Nous allons trouver un bateau. Nicola et moi sommes plus sceptiques mais, curieusement, en m'endormant le soir, j'ai comme un pressentiment.

Le lendemain, nous repartons faire le tour des bureaux des transporteurs, avec l'idée saugrenue que le drapeau nous portera bonheur. Peine perdue. Pour embarquer sur un cargo, il faut se faire engager, remplir des papiers, passer des entretiens. L'époque où les gars se faisaient engager en une journée sur d'immenses navires pour découvrir le monde est révolue. En retournant au port, cependant, un ami nous prévient qu'un nouveau voilier, en partance pour le Brésil, vient d'arriver. Nous nous précipitons au Sailor's Bar. Effectivement, il y a là deux hommes installés devant un ordinateur. Nicola commence timidement son speech :

« *Siamo tre viaggiatori…*[1] »

Il n'a pas le temps de terminer. Le plus grand des deux types, musclé et tatoué, au regard fier, lâche :
« OK. »

Nous exultons. OK, deux petites lettres qui mettent fin à six interminables semaines d'attente.

Les jours suivants seront consacrés aux préparatifs du départ : nettoyer le bateau de fond en comble, stocker les provisions, s'assurer que Francesco ne change pas d'avis… Originaire d'une famille pauvre, c'est un personnage humble qui a réalisé son rêve. Il a choisi le bateau et l'a acheté avec trois associés : sa part s'élève à 50 000 euros. Du coup, il est fauché et dépend maintenant de Marco, le vrai boss, un riche Milanais.

« Je vis un peu comme vous, sans argent ! » nous chambre Francesco.

Nous proposons de « recycler » de la nourriture, de faire sécher des fruits et légumes, mais Marco refuse tout net : le bateau est neuf, c'est un « outil de travail destiné à recevoir des touristes ». Il est impeccable et doit arriver impeccable au Brésil.

---

[1]. « Nous sommes trois voyageurs… »

Vient enfin le jour du départ. En regardant Las Palmas disparaître à l'horizon, je pense à ce que nous avons vécu, aux difficultés et aux obstacles, à la manière dont nous les avons surmontés. Les vents du désert marocain nous l'ont soufflé à l'oreille : avec la foi, tout devient possible.

Cap-Vert, Santa Luzia, 17 mai 2010

C'est une sensation étrange que d'être perdu au milieu de nulle part, une sensation douce comme le bercement des vagues. Ici, le monde cesse d'exister, il n'y a plus que l'océan qui s'étend jusqu'à l'infini, le soleil et sa ronde quotidienne, quelques nuages épars dans le ciel. Toute la magie de l'univers est là : une voile, un souffle de vent, et nous voguons, minuscules, insignifiants.

Le quotidien, sur un bateau, est terriblement monotone. Cuisiner, écrire, parler. Prendre son quart la nuit, surveiller le radar, garder le cap. Surtout, prévenir Marco « immédiatement » au moindre changement de vent. La première semaine, il ne se passe rien. Quelques parties de backgammon avec Francesco. Le soir, je regarde le coucher de soleil, j'observe les nuages qui viennent s'immiscer dans le paysage.

Les discussions avec Marco sont animées. C'est un Italien arrogant, sûr de lui et de son charme. Il parle sans cesse de filles, de soirées, de « ce qu'il s'est mis » ou de « ce qu'il lui a mis ». Né dans une famille de riches commerçants de Milan, il a eu la vie facile : sports extrêmes et coûteux, jolies femmes et hôtels de luxe. Il nous a pris sur son bateau parce qu'il préfère avoir du monde à bord en cas de pépin, mais n'adhère pas du tout à notre vision des choses :

« C'est quoi, le problème avec l'argent ? nous demande-t-il.

— Nous pensons que l'argent nous empêche d'être libre, c'est toujours une contrainte, c'est aussi un symbole de l'injustice mondiale… Nous essayons aussi de voyager sans argent pour montrer qu'on peut vivre de dons…

— *Ma è impossibile !*[1] Là, vous ne dépensez pas d'argent, c'est moi qui paie tout ! Vous utilisez mon argent ! Dans ces conditions, c'est facile de voyager sans argent ! »

Nous tentons d'argumenter :

« Oui, mais il faut bien commencer quelque part… C'est une démarche personnelle avant tout… Nous avons bon espoir que, plus tard, plus de gens vivront sans argent. Imagine que tous ensemble nous décidions de donner, avec la confiance que les autres à leur tour nous donneront ce dont nous avons besoin…

— Je ne peux imaginer ça. Ça ne marchera pas ! Il y aura toujours quelqu'un pour tricher, l'homme est comme ça, l'homme est égoïste ! »

---

1. « Mais c'est impossible ! »

Cap-Vert, Santa Luzia, 17 mai 2010

Nous n'arriverons pas à convaincre Marco. Francesco est très différent. Petit, râblé, originaire de Sicile, il a toujours vécu simplement. Grâce à Marco, il découvre un autre mode de vie et cherche à en profiter au maximum, après dix ans de travail acharné. Et il croit comme nous que l'argent ne fait pas le bonheur.

Au huitième jour de navigation, nous sommes en vue de l'archipel du Cap-Vert. Un monde à part, préservé du tourisme et du béton, loin de l'occidentalisation des Canaries. La population, noire, parle un portugais chantant. Tandis que Marco s'empresse de rallier le premier bar venu, nous partons à la découverte de la ville principale de l'île de Santa Luzia. Une ancienne cité coloniale, où se dressent de majestueuses villas à l'abandon. Avec notre « portugnol » très approximatif, nous parvenons à nous connecter à Internet dans une école. Les élèves nous dévisagent de tous leurs yeux, les filles, grandes et superbes, nous adressent des sourires éclatants.

Le lendemain, direction le marché pour faire le plein de fruits et de légumes. Dans les rues, des femmes africaines étendent leurs draps, vendent des crevettes, du manioc ou des fruits aux couleurs magnifiques. D'autres déploient un bric-à-brac d'objets en tout genre, appareils électriques, ustensiles de cuisine, gadgets, vêtements usagés… Marco se charge des courses et nous nous contentons de servir d'interprètes.

Au matin, cap sur l'extrême sud de l'archipel. Il nous faut une journée de navigation pour y arriver.

C'est un petit coin de paradis, une baie soigneusement découpée dans un immense rocher qui forme l'île de Brava. L'eau est translucide, teintée de vert et de turquoise. Deux autres voiliers tanguent docilement sur l'eau.

Le petit port est constitué de quelques maisons d'un bar, d'une église légèrement en retrait sur la montagne et d'une petite plage de galets. Nos deux marins s'engouffrent dans le bar, une pièce nue simplement meublée d'un frigo et d'une table en guise de comptoir. Il y a là un «*senhor*», un local, tout habillé de blanc, qui nous a vus venir et flaire les dollars. Il nous propose de nous faire visiter l'île, et tout le monde embarque dans une camionnette de pêcheurs. Assis au milieu de caisses de maquereaux, nous grimpons la route qui serpente jusqu'au sommet. L'île, abrupte, est un énorme rocher tapissé de forêt tropicale. Cinq mille habitants, trois villages et une seule route pour en faire le tour. Dès que nous sortons de la camionnette, une nuée d'enfants se jette sur nous pour quémander quelques dollars. Peine perdue, en ce qui nous concerne, puisque nous n'avons pas un sou. Marco s'empresse de nous le faire remarquer : « Sans argent, impossible de se montrer généreux. »

Le village est charmant, les maisons construites en terre et en planches sont peintes de couleurs vives. Dans les bars qui se remplissent avec la fraîcheur du soir, les natifs n'hésitent pas à nous faire la conversation. Tous nous parlent des États-Unis, leur « terre promise ». J'observe ce petit monde

Cap-Vert, Santa Luzia, 17 mai 2010

avec un sentiment très mitigé. Quelques vieux sont réunis sous un figuier pour jouer à un jeu de billes. Les Sénégalais discutent entre eux. Seuls quelques pêcheurs continuent à mener la vie de leurs grands-pères. Les autres boivent, regardent la télévision et, comme nous, rêvent d'Amérique.

Recife, 30 mai 2010

Nous avons repris la mer et, de nouveau, la routine s'installe. Cuisine sur une gazinière qui se balance au rythme des flots, repas, repos, parties de backgammon, méditation au soleil couchant. Petit à petit, au gré de mes divagations, les morceaux du puzzle s'assemblent, le voyage prend tout son sens. J'ai le sentiment d'avoir trouvé mon chemin, ma raison de vivre. Malgré toutes ses incohérences – que Marco ne manque pas de souligner lors de nos longues discussions –, cette vie sans argent m'apparaît pleine de noblesse. Je suis contraint de vivre de ce que l'on me donne, d'accepter le monde tel qu'il est. Et cela me plaît. Raphael est venu me rejoindre et je lui confie mes pensées. Il sourit, passe ses bras autour de mes épaules.

« *Mi querido Benji*[1] », murmure-t-il avec tendresse.

---

1. « Mon cher Benji. »

Comme moi, il est en extase chaque fois qu'il grimpe sur le pont : l'océan qui s'étend autour de nous, les vagues qui lèchent paisiblement la coque du bateau... Quelques nuages glissent dans le ciel, et déjà, le soleil disparaît à l'horizon, un vent frais nous caresse. Raphael et moi pensons la même chose : comment, après ça, revenir à une vie normale ? Nous nous promettons que ce voyage n'est que le commencement de quelque chose de plus grand.

Le soir, quelques dauphins viennent jouer à cache-cache avec la coque du navire. Raphael me tient compagnie pendant mon quart. Nous éteignons les lumières en haut du mât et le ciel s'offre à nous, le plus beau que nous ayons jamais vu. Le bateau file sous le vent, dans la nuit, fend silencieusement les eaux en faisant jaillir mille étincelles de plancton qui reflètent le scintillement des étoiles.

Au matin, nous partageons avec Nicola nos pensées de la nuit. C'est une douche froide. Il n'est pas du tout d'accord avec nous et ne comprend pas notre décision de poursuivre notre mode de vie au-delà du voyage.

« Je ne comprends pas. Nous avions nos projets : les documentaires. Vous ne pensez plus du tout à tout ça ?

— Si, bien sûr, mais nous voulons tout faire sans argent ! Ce serait génial, non ?

— Mais pourquoi vous vous obstinez autant sur la question de l'argent ? Ce n'est qu'un instrument, tout le monde le dit, et moi, je suis d'accord. Quand il est bien utilisé, il n'y a pas de problème. »

Nous sommes intraitables :

« Mais ça dénature les relations, l'argent amène toujours la corruption, l'argent représente l'injustice, nous ne voulons pas soutenir ce système basé sur l'échange monétaire. Tout est si magique quand il n'y a pas d'argent en jeu ! »

Nicola ne se démonte pas.

« Oui, mais si on monte des projets sans argent, notre impact restera toujours limité. Avec de l'argent, les aides européennes par exemple, notre action aura plus d'impact ! »

Nous ne savons pas trop quoi répondre. Nicola poursuit :

« Vous voyez, ce qui me dérange le plus, c'est que vous avez déjà pris votre décision. Peu importe notre discussion, vous ne changerez pas d'avis. Ça m'énerve de vivre avec des gens aussi bloqués sur leurs positions. »

Cette conversation ne mène nulle part. Nicola a marqué un point, je le sais. Raphael et moi avons la « tête dure », comme il le dit si bien. Nous restons silencieux un long moment, à regarder l'océan.

L'équateur approche. La chaleur devient étouffante, le vent tombe et Marco met le moteur en marche. Le bruit sourd et continu tue la magie. Les poissons s'éloignent, les dauphins nous fuient. Mais nous n'avons pas assez de diesel pour arriver jusqu'au Brésil et Marco décide de sortir le spinnaker, une immense voile d'avant de 90 mètres carrés, trois fois plus grande que la grand-voile. Le spi peut aussi s'avérer dangereux : si le vent monte trop, il faut immédiatement affaler, sinon il pourrait faire chavirer le bateau. Pour l'heure, tout se passe bien, notre vitesse monte à 7 nœuds.

Quelques nuages apparaissent. Marco et Francesco échangent quelques paroles, Marco veut affaler le spi. En deux minutes, l'orage est presque là. Tout va très vite ensuite. Un premier coup de vent couche le bateau. Un cri – Marco, je crois –, et Nicola court se réfugier à l'intérieur. Un deuxième coup de vent, dans l'autre sens cette fois ; une vague nous fouette le visage. Le bateau a viré de bord, Francesco est à l'eau. Marco coupe un bout et le bateau se redresse brutalement. Marco coupe un autre bout et le spi s'envole dans un fracas assourdissant, puis tombe dans l'eau et disparaît sous le bateau.

«*Porca troia, puttana*», jure Marco.

Le bilan est lourd. Le mât est légèrement abîmé, le spi est enroulé autour de l'hélice, complètement déchiqueté. Marco plonge pour le dégager. Si nous n'avions pas eu une quille de 22 tonnes, c'était le naufrage assuré.

À compter de ce jour, l'ambiance à bord change. Quelque chose s'est cassé entre Marco et Francesco, et un froid s'est installé entre eux et nous. Francesco a menti à Marco, il lui avait affirmé qu'il avait traversé plusieurs fois l'Atlantique et Marco met l'accident sur le compte de l'inexpérience de son copilote. Et puis l'Italien nous reproche de trop manger, d'épuiser les réserves de nourriture, il insiste lourdement sur le fait qu'il a beaucoup dépensé pour financer notre « voyage sans argent ». Il oublie au passage que nous avons rendu de multiples services à bord, nettoyé le bateau. Mais qu'importe. La tension est palpable durant les jours qui suivent, jusqu'à notre arrivée à Recife. Nous nous quittons sans chaleur, et Marco jure qu'il ne reprendra pas de stoppeur. Pour nous, c'est une belle leçon : il y a encore du chemin à faire pour parvenir à cohabiter sereinement.

Nous retrouvons avec plaisir la terre ferme et nos sacs à dos qui nous scient les épaules. C'est un monde pétillant de vie qui nous attend. En ce dimanche, les Brésiliens font la fête, tambours et maracas résonnent partout. Nous sommes un peu désorientés sur ce continent nouveau, inconnu. Nous errons longuement à la recherche d'un coin accueillant pour notre première nuit. Surprise : des centaines de personnes dorment à même le trottoir, devant la gare. Quelques chiens se mêlent aux dormeurs inertes. Une voiture de police passe, indifférente. En nous éloignant du centre-ville, nous découvrons des sans-abri partout : sur les trottoirs, devant les porches ou les entrées d'immeuble. Nous trouvons finalement refuge sous un platane, en face du poste de police, effondrés sur quelques cartons. Autre défi, trouver à manger. À chaque coin de rue, des marchands ambulants vendent des sandwichs, des cafés serrés dans de minuscules gobelets, du jus de canne pressé... Nous tournons autour des carrioles, sans trop savoir comment nous y prendre avec nos quatre mots de portugais. Puis nous apercevons un homme qui épluche des fruits et jette les déchets dans un seau. Plus affamés que gênés, nous quémandons ces restes, qu'il nous abandonne avec méfiance, et nous voilà à dévorer les restes de pulpe sur les peaux d'ananas, avant de repartir en quête d'un abri pour la nuit. Nous finirons sous le toit de tôle d'un parking, grâce à un gardien compréhensif. Le choc est rude. Il nous reste 7 000 kilomètres à parcourir jusqu'au Mexique. Nous nous étions donné six mois pour y arriver. Au cinquième mois, nous ne sommes qu'à mi-chemin, et la route promet d'être encore longue.

Recife, 6 juin 2010

> « Toute destinée, si longue et si compliquée soit-elle, compte en réalité un seul moment : celui où l'homme sait une fois pour toutes qui il est. »
>
> Jorge Luis Borges

Nous marchons dans les rues sombres de Recife, longeant les favelas qui bordent l'aéroport. Il fait chaud, c'est un soir sans vent. Notre aventure vient de prendre un tour nouveau. Nicola est rentré en Europe, et moi, je n'ai plus rien. Toutes mes affaires se sont évanouies : ordinateur, appareil photo, vêtements, sac à dos, sac de couchage, carnets de notes, brosse à dents, couteau, trousse, livres, tout mon quotidien de ces derniers mois. Je voulais vivre sans argent, sans sécurité, libre. Me voilà servi, le destin vient de me donner un sacré coup de pouce. Curieusement, je me sens soulagé. En mon for intérieur, je souhaitais ce dépouillement total. Incapable de me défaire moi-même de mes quelques affaires, j'attendais que quelqu'un se charge de le faire à ma place. Je suis désormais ce que je veux être, un apprenti vagabond sans le sou.

Le virage s'est amorcé cinq jours plus tôt, le 1er juin 2010. Nous avons passé une bonne semaine chez notre ami Paulinho et sa femme Sandra, puis avons repris nos vagabondages, dormant ici ou là. Nicola s'interroge, hésite. L'Europe l'appelle. Un incident va l'aider à se décider. Une nuit, pendant mon sommeil, des ados crasseux ont tenté de me dérober mon appareil photo. Ils étaient pieds nus, mais sniffaient régulièrement le contenu d'une bouteille de Coca-Cola au bouchon brûlé. De la colle, une drogue pas très chère et très répandue dans les favelas de Recife. Le passage d'une voiture de police les a surpris, et ils se sont enfuis en promettant de revenir nous tuer. Nous avons immédiatement levé le camp pour trouver un lieu plus sûr pour nous étendre et dormir.

Le matin, nous nous retrouvons sur la plage. Nicola s'assied sur un rocher face à la mer. Perdu dans ses pensées, il évite de croiser mon regard ou celui de Raphael. La plage s'anime peu à peu : vendeurs de pacotille, carrioles chargées de nourriture, joggeurs… Nous contemplons cet océan qui nous a portés entre deux continents. Nicola s'exprime enfin. Son discours est confus, chaotique. Il est fatigué, tout simplement, et cette dernière nuit a été la nuit de trop. Il n'en peut plus de dormir dans la rue, de ne pas manger à sa faim, de notre intransigeance au sujet de l'argent. Il ne veut pas poursuivre

Recife, 6 juin 2010

le voyage dans ces conditions. Cette fois-ci, Raphael n'essaie pas de le retenir.

« Tu es libre, mon frère. J'aimerais que tu restes avec nous. Mais si tu veux partir, c'est ta décision. »

Il ne répond rien et je reste silencieux aussi. Nicola se laisse embrasser sans mot dire, et puis s'en va. Raphael et moi demeurons un instant sur la plage. L'océan est magnifique, la brise légère. Je pleure. Je me sens un peu coupable. Au lieu de soutenir Nicola dans les moments difficiles, je me suis toujours comparé à lui, fier de constater que je tenais mieux le choc. Nous prônons l'harmonie dans le monde et nous avons été incapables de la trouver entre nous trois.

Mais la route ne change pas, elle est toujours là, immense, attirante. Que l'on soit deux ou trois, notre projet demeure, simplement l'aventure s'annonce plus libre et plus légère. Raphael et moi nous le sommes promis : nous arriverons à Mexico.

Nous décidons de quitter Recife, ville chaotique. Les favelas, constructions de tôles et de cartons, s'y étendent au pied des luxueuses résidences entourées de murs électrifiés. Le stop commence mal. Les automobilistes nous dévisagent d'un air méfiant. Notre premier conducteur nous dépose à Engenho Vehlo, un petit village paisible situé aux alentours de Recife. Nous nous apercevons bien vite que les Brésiliens ont des connaissances géographiques très limitées ; notre chauffeur est bien incapable de nous dire si nous sommes sur la route du nord. Les villageois n'en savent pas plus. Nous décidons de nous engager sur une route qui s'enfonce en pleine jungle. Les automobilistes ralentissent pour nous regarder, mais personne ne s'arrête. Une bonne dizaine de kilomètres plus loin, nous voilà seuls au milieu de la jungle. L'endroit est plaisant pour déguster bananes et papayes sauvages, mais pas idéal pour trouver notre route. C'est à ce moment qu'une moto s'arrête. La pilote et sa passagère nous dévisagent d'un air curieux.

« *Que voces fazem aqui ? Onde você vai ?*[1] » demande la pilote, alias Jessica, une jeune femme hardie, à l'allure masculine.

« *Ninguem vai parar para voces aqui !*[2] »

Elle nous invite chez elle, et nous la suivons par une route boueuse, le long d'un champ de canne à sucre. D'une main, elle coupe deux tiges et nous les tend : le jus est délicieux, subtilement sucré. Et c'est ainsi que nous arrivons dans un petit village d'une trentaine de maisons cubiques, posées le long d'une unique route de terre. Immédiatement, une nuée d'enfants nous entoure. « *Gringos !* » crient-ils en chœur.

Malgré les façades ternes et grillagées, la rue boueuse, l'endroit dégage un certain charme. La majorité des gens marche pieds nus. En dépit de cette misère apparente, le village compte un bar, une boulangerie, une épicerie, un coiffeur, et même un « chaman », un soi-disant esprit qui se travestit en

---

1. « Que faites-vous ici ? Où allez-vous ? »
2. « Personne ne s'arrêtera pour vous ici ! »

femme. Il y a aussi un poète, un peu décalé, amoureux de la *paz*, qui jouit d'une certaine notoriété dans le village, et puis des dizaines d'enfants qui surgissent de partout comme par magie. Ils sont au moins dix par maison, impossible de les reconnaître. Peu de jeunes adultes, en revanche. Jessica et son amie Stéphanie, qui nous ont récupérés dans la jungle, veulent partir pour la ville. Stéphanie, encouragée par quelques verres de *cachaça*, de l'alcool de canne à sucre, se laisse aller à quelques confidences. Elle a déjà un enfant de 4 ans, qu'elle élève seule, et rêve d'Europe, mais elle réalise que partir au bout du monde ne sera pas aussi simple pour elle que pour nous.

Nous passons une quinzaine d'heures dans le village avant de rejoindre la route sous une pluie diluvienne. Dans une station-service remplie de camions à l'arrêt, nous découvrons que nous sommes sur la route du sud, comme nous le craignions, donc dans la mauvaise direction. Il nous faut trouver un camion qui parte pour Belém ou Fortaleza. Direction le restaurant de la station, des dizaines de chauffeurs routiers attendent leur prochain chargement, buvant des bières, hypnotisés par un match de foot à la télévision. Nous en profitons pour vider discrètement quelques assiettes délaissées, tandis que l'Allemagne s'impose 4-0 face à l'équipe adverse. Soudain, un camionneur repère notre manège, s'indigne, puis propose de nous offrir un repas. Wilson est un drôle de personnage, qui gesticule sans cesse et jette des regards obliques à droite et à gauche, persuadé que le monde est une vaste conspiration. Pour finir, il nous propose de dormir dans son camion, à l'arrière de la remorque.

Lorsque le soir arrive, le restaurant aux vitres bâchées de plastique se transforme en bordel. Les prostituées se baladent de table en table, en tenue aguichante, et se font offrir des bières. Apparemment, elles ne chôment pas. Les routiers attendent patiemment leur tour.

Nous passons trois jours dans cette station-service. Comme les camionneurs, nous sommes dans l'attente d'une mission. Nous remarquons qu'à l'aide de quelques billets bien placés, il est possible de reprendre la route plus rapidement.

Trois jours après notre arrivée, le Brésil dispute un match de foot. Le pays s'arrête net à 15 h 30 pour suivre la Seleção sur le petit écran. Le football est tout, au Brésil, son emprise est bien plus considérable que celle de l'Église ou même du charismatique Lula. Seule la Seleção semble capable d'unir tout un peuple, de le faire vibrer et de le faire consommer.

La victoire du Brésil à l'issue du match nous ouvre grand le buffet du restaurant. Nous faisons connaissance avec les serveurs. Ils dorment sur place, travaillent douze heures par jour, quinze jours d'affilée. Ensuite ils bénéficient de deux jours de repos, avant d'entamer à nouveau quinze jours de travail. Le tout pour 510 réaux par mois, à peine plus de 200 euros.

Puis vient ce jour où tout change pour moi. Au réveil, c'est la panique. Mon appareil photo et mon sac à dos se sont volatilisés. En une demi-heure, tout le monde est au courant dans la station-service. Je soupçonne un rôdeur, un délinquant, mais un routier m'indique le camion de Wilson qui s'éloigne sur la bretelle de sortie. Mes vêtements et mon sac de couchage sont encore à bord. Un conseil fréquemment entendu au Brésil me revient en tête : « *Não confie em ninguem.* » Ne fais confiance à personne.

La police arrive rapidement et nous emmène à l'aéroport faire une déposition. Je dois raconter trois fois l'histoire, pour trois personnes différentes qui rédigent chacune un rapport. Cinq heures après, on me remet un papier et un carnet de conseils à destination des touristes. Coïncidence étonnante, nous croisons Nicola à l'aéroport. Il a passé quelques jours chez Paulinho, le temps que ses parents lui achètent un billet ; il prend son avion dans quelques heures. Nous nous parlons à peine. Il me donne son sac de couchage et une veste, fait ses adieux et s'en va.

Nouveau départ, 22 juin 2010

> « *Ou a obediência estúpida ou a revolta.* »
> [Soit l'obéissance stupide soit la révolte.]
>
> Milton Hatoum

Cela fait maintenant cinq jours que nous prenons racine dans cette station-service, en partageant le quotidien assommant des routiers. Les serveuses du restaurant nous connaissent bien désormais et elles nous laissent récupérer les restes dans les assiettes. Nous nous nourrissons la plupart du temps de racines de manioc bouillies. Aucune discussion ne vient couvrir le bruit des pales du ventilateur et le son nasillard d'une sitcom diffusée à la télé. Nous sommes à une vingtaine de kilomètres au nord de Recife, la bien nommée, un vrai écueil sur notre route.

Après le vol de mes affaires, nous avions trouvé refuge chez Paulinho et Sandra. Raphael et moi nous étions attelés à la création d'un nouveau blog, *Forward the Revolution*, pour marquer le début de cette nouvelle aventure. Plus que jamais, nous sentions que notre cause était la bonne et qu'il nous fallait continuer.

Nous ne sommes pas seuls à patienter des journées entières dans cette station-service. Certains camionneurs sont là depuis deux semaines, comme Renato, un bonhomme d'une centaine de kilos, qui nous invite parfois à grignoter un morceau : il prend du poulet et nous laisse cuire un peu de riz sur son réchaud et boire un coup à l'ombre de son bahut. La volaille est prélevée sur les stocks d'Azul e Branco, la compagnie pour laquelle il travaille. Il est à l'arrêt, dans l'attente de son déchargement, gardant au frais quelques tonnes de yaourts et des poulets. Le frigo consomme environ 40 litres d'essence par jour. Des dizaines de camions attendent ainsi, moteur allumé, pour que les produits congelés ne se perdent pas. L'absurdité de la situation nous indigne, nous qui voulons limiter au minimum notre empreinte énergétique.

Belém, 1ᵉʳ juillet 2010

> « Personne n'éduque autrui, personne ne s'éduque seul, les hommes s'éduquent ensemble par l'intermédiaire du monde. »
>
> Paulo Freire

Quatre heures du matin, Darli nous réveille alors que nous sommes plongés dans un lourd sommeil, sur une terrasse de restaurant, loin de Recife. Il nous a embarqués pour le nord, et nous découvrons un autre Brésil, plus naturel, plus noir, plus aimable et généreux, plus fidèle à ce Dieu que les Brésiliens invoquent sans cesse. Après tant de jours passés à tuer le temps dans cette station-service, contempler le monde en roulant avec Darli nous semble merveilleux. Nouveaux paysages, nouveaux visages, marchands ambulants qui nous assaillent à chaque arrêt, taxis qui attendent le client sous les arbres, paisibles villages. Puis nous traversons le sertão, une région désertique, aride, parsemée de buissons d'épineux et de quelques bleds écrasés de chaleur.

Darli s'arrête pour la nuit à Alto Alegre do Maranhão, un petit village entièrement construit autour de la nationale, composé uniquement de *lanchonetes* et de *borracheras*, des petits restaurants de routiers et des ateliers de mécanique. Recife est désormais à plus de 1 000 kilomètres derrière nous. La station-service est désaffectée, mais des dizaines de poids lourds stationnent là. Nous ne tardons pas à comprendre que l'endroit est un bordel géant à ciel ouvert. À peine avons-nous débarqué du camion que Darli enlace une jeune femme.

Le voyage se poursuit de la même manière. L'attente est toujours longue, pénible, peu de routiers acceptent de nous prendre. Nous avançons petit à petit, de village en village. Il n'est pas rare que les villageois n'aient jamais rencontré d'Européen avant nous. Nous passons nos nuits dehors, dans les stations-service, hésitant entre crever de chaud dans nos sacs de couchage et nous faire dévorer par les moustiques. Nous finissons par arriver aux portes de Belém, la capitale du Pará, sur le fleuve Amazone, une véritable mégalopole industrielle et commerciale de deux millions d'habitants.

La ville est chaotique, les rues sont défoncées, certains quartiers à l'abandon, de vraies décharges à ciel ouvert. Tout le monde laisse faire, la pluie suffira à laver le tout, entraînant des tonnes de déchets vers l'Amazone. Dans le centre, où cohabitent miséreux et ultrariches, direction les bureaux de la compagnie Navio Ruth, pour tenter de décrocher un billet de bateau pour gagner Macapá. La directrice, Ruth, en impose : grande, blonde, la peau rougie par le soleil, elle n'écoute que d'une oreille notre discours bien rodé. Puis, quand nous avons terminé, elle nous demande notre nom, et nous tend deux billets.

« *Boa viagem*[1] », se contente-t-elle de nous dire.

Nous allons fêter ça dans un centre commercial, plein à craquer à 8 heures du soir. Un puissant brouhaha s'élève de la *praça de alimentação*, l'aire de restauration qui rassemble les grandes enseignes de fast-food, et nous dînons d'une salade et d'un délicieux gâteau.

---

1. « Bon voyage. »

Macapá, 4 juillet 2010

Deux jeunes Haïtiennes chantent sur le pont tandis que le ciel s'obscurcit, laissant apparaître les premières étoiles. Tout autour, l'inconnu, la nature vierge qui s'étend aussi loin que l'horizon. L'Amazone est bien plus qu'un fleuve, elle est indéfinissable, elle s'ouvre à nous comme un labyrinthe. Voilà quelques heures que nous sommes partis et j'ai déjà perdu la notion de l'espace et du temps. Nous sommes projetés dans un monde d'eau et de forêt.

L'embarquement a eu lieu à 11 heures. Au fur et à mesure que le bateau s'est rempli, une jungle de hamacs est apparue sur le pont, de façon que chacun puisse se laisser aller au balancement de la houle. Nous sommes les seuls *gringos* à bord, et cela ne manque pas d'attirer l'attention. Deux jeunes femmes s'approchent, Neuziane et Myriam. Elles voyagent avec leur père, pasteur à l'*Assembleia de Deus*. Il nous raconte que la vocation lui est venue au cours d'un rêve, où il a vu une église blanche et un ange qui lui désignait l'endroit. Quelques mois plus tard, il s'est trouvé par hasard devant une église similaire à celle de son rêve, avec cette inscription sur la façade : *Assembleia de Deus*. Depuis, il dédie sa vie à l'Église évangélique, a engendré treize enfants (avec la même femme) et construit seize églises.

L'autre attraction à bord, ce sont les Haïtiens, qui intriguent beaucoup les Brésiliens. Peaux noires luisantes, grands sourires, pleins de joie de vivre, ils n'ont pas de hamac, un seul bagage, et se sont tous rassemblés dans le même coin du bateau. Depuis le tremblement de terre de 2009, ils essaient de quitter leur île pour reconstruire leur vie ailleurs. Ceux-là veulent aller en Guyane française, où beaucoup ont déjà de la famille. Mais il est impossible d'obtenir un visa et d'arriver directement à l'aéroport de Cayenne, il faut impérativement passer la frontière terrestre. Alors ils traversent le Pérou, le Brésil en autobus et franchissent l'Amazone en bateau pour parvenir aux portes de la Guyane.

Très vite, nous faisons office de traducteurs entre les Haïtiens et Brésiliens. En remerciement, on nous offre des bananes, une part de pastèque et des biscottes. Chacun écoute avec fascination le récit de notre voyage, tandis que l'embarcation continue sa percée dans les eaux troubles et obscures de l'Amazone. De temps à autre, un village surgit au détour d'un méandre, à la lisière de la jungle, quelques maisons de bois reliées par des pontons. Chaque hameau compte une vingtaine de cabanes tout au plus, mais l'une d'elles est toujours peinte en blanc, et porte l'inscription *Assembleia de Deus*. Une ampoule en éclaire la façade toute la nuit.

La traversée de ce fleuve immense dure vingt-quatre heures mais je ne dors pas, je préfère savourer ce paysage unique, regarder l'aurore poindre à l'horizon et dissiper le bleu de la nuit. Hier soir, le Brésil a été battu par les Pays-Bas et cette défaite a plombé l'ambiance à bord. La bière a coulé à flots pourtant, pour exorciser l'humiliation.

En fin de matinée, nous débarquons sur les berges de l'Amapá, l'État du Brésil qui forme la frontière avec la Guyane. Notre ami pasteur nous invite chez lui et nous nous entassons dans la petite voiture de son frère. Le soir, il nous embarque dans l'une de ses églises. Il veut nous présenter à toute la paroisse. Je me retrouve à arpenter un de ces pontons en planches humides, branlant au-dessus d'une eau marécageuse. Les maisons de bois sont construites sur pilotis, des dizaines de câbles électriques s'enchevêtrent sur des poteaux de fortune. L'endroit est irréel, une sortie de Venise des bidonvilles. Chaque maison est occupée par une dizaine de personnes, beaucoup d'enfants dorment entassés dans des hamacs. Une télévision parfois crache sa lumière blafarde. Une voix résonne au loin, un chant plutôt, repris par des voix pleines d'allégresse. Dans la pénombre, je distingue une petite assemblée réunie autour d'une maison. Un homme crie sa foi dans un micro relayé par deux énormes enceintes. Dans la maison, quelques femmes entourées d'une ribambelle d'enfants sont affalées dans deux canapés jaunes ; subjuguées, elles écoutent l'orateur. La pièce ne fait pas plus de 12 mètres carrés, mais une vingtaine de personnes y chantent en tapant dans leurs mains. C'est la messe.

Dans cette ambiance survoltée, l'un des officiants, habillé d'une chemise bleue et d'une cravate, les cheveux peignés et gominés, nous présente à l'assemblée et remercie Dieu de nous avoir envoyés jusque-là. Tous lèvent les mains au ciel pour nous acclamer. Un autre prêtre tente de nous rallier à sa cause : notre voyage, explique-t-il en substance, est un véritable acte de foi, nous sommes comme des missionnaires. L'idée ne nous séduit guère, nous préférons jouer avec les enfants agglutinés autour de nous. Ils sont impressionnés par ma barbe, imposante et broussailleuse, et certains se risquent même à la toucher. Pour finir, le prêtre en costard fait la quête parmi ces pauvres gens et conclut d'un « Dieu vous le rendra » qui résonne curieusement dans nos esprits.

Oyapoque, 8 juillet 2010

Nous hâtons maintenant le pas pour rejoindre la Guyane. Le stop marche bien dans la région, et nous filons à vive allure sur une route en ligne droite, au milieu d'une immense savane. Puis nous traversons une vaste plantation d'eucalyptus sur une distance de 150 kilomètres environ. À l'arrêt, on nous offre sans façon nos repas : du riz, des pâtes et de la salade. Une fois la plantation derrière nous, la savane reprend ses droits, plus belle encore au coucher du soleil. Un groupe de bûcherons nous dépose à une bifurcation. Nous voilà seuls, aucune maison en vue. L'obscurité est totale, c'est une nuit sans lune. Nous nous mettons en marche. Après un bon kilomètre, nous apercevons une lumière au loin, une *Assembleia de Deus*, vide mais éclairée de toute part. Elle marque l'entrée d'un village. Des petits commerçants nous accueillent avec chaleur, tout étonnés de nous trouver là, dans ce village isolé, où l'électricité n'arrive que depuis cinq ans.

Ce sont les mouches qui nous réveillent le lendemain. Le soleil tape avec une force incroyable, il fait trop chaud pour faire le moindre mouvement. Tout le village est plongé dans la torpeur. Peu de voitures pour nous prendre – il en passe une toutes les demi-heures –, mais les habitants nous offrent des fruits, de l'eau et certains nous proposent même de l'argent, que nous refusons gentiment. Enfin, un camion s'arrête. Le chauffeur va jusqu'à Oyapoque, la frontière. Nous grimpons à bord. De l'arrière d'un pick-up, tout s'apprécie mieux : le vent, les moustiques, le soleil, le paysage. Nous traversons d'abord la savane, ponctuée de quelques cabanes. Puis les terres se font plus humides, et bientôt ce sont des rivières bordées d'arbres touffus que nous longeons. Changement d'atmosphère après une centaine de kilomètres : la terre devient rouge, la civilisation prend fin ici. Dans un nuage de poussière, nous faisons notre entrée dans la forêt amazonienne. La végétation est épaisse, mystérieuse, mais la vie bruisse de toute part. Avec la tombée de nuit, on entend des cris, des chants, des sortes de gémissements. Le ciel est tapissé d'étoiles, un vent léger nous rafraîchit après la chaleur de la journée. Allongés à l'arrière du pick-up, nous sommes en contemplation.

Six heures plus tard et nous voilà à Oyapoque. Un tout autre décor nous y attend : routes défoncées, jonchées de détritus, rigoles d'eaux noires, cabanes de bois et de tôle. On nous offre sans chaleur un peu de pain. Idelman, la patronne française d'un hôtel, nous propose une chambre. C'est notre dernière nuit au Brésil.

Cayenne, 17 juillet 2010

La Guyane française, paradis naturel sous une forte emprise, une main puissante qui fait des lois, et donne un confort, un salaire minimums en échange de bois, d'or et d'une station spatiale. Ce constat n'est pas le mien, il vient tout droit de Gaëtan, qui nous a pris en stop et nous emmène jusqu'à Cayenne, à travers une forêt plus dense encore que celles que nous avons vues au Brésil. Il a plu un peu et une légère brume voile la vue, l'atmosphère est presque mystérieuse. Gaëtan nous explique que la jungle fourmille de Brésiliens qui cherchent à atteindre clandestinement les champs d'orpaillage, là où la terre offre quelques grammes d'or aux plus tenaces – ou aux plus chanceux.

Après deux bonnes heures de jungle, retour à la civilisation. Les routes sont goudronnées, entretenues, la signalisation impeccable, les ronds-points verts et fleuris. On se croirait revenus en métropole, si ce n'était ces maisons de bois et l'allure sensuelle et colorée des femmes. Il y a même quelques boulangeries où nous allons quémander un peu de pain. Bizarrement, entonner mon petit couplet sur les règles qui régissent notre voyage dans ma langue maternelle me met un peu mal à l'aise. Mais la boulangère nous écoute, amusée, et nous offre deux baguettes et des croissants au fromage.

Cependant, alors qu'au Brésil nous passions pour des aventuriers intrépides, ici, sur le territoire français, nous sommes redevenus de simples étudiants en *road trip* et l'accueil qui nous est fait n'est plus le même. Les restaurateurs nous envoient balader, et, le soir venu, le ventre presque vide, c'est chez les pompiers que nous trouvons refuge pour la nuit.

Nous avons choisi de passer par la Guyane française pour faire refaire mon passeport, volé avec mes affaires au Brésil. Nous espérons expédier la question au plus vite, mais à la préfecture on nous explique qu'il faudra attendre plusieurs jours. Pour la première fois, nous faisons appel à un site Internet pour trouver un canapé ou un lit chez l'habitant. C'est ainsi que nous débarquons chez Gabriel, un Uruguayen. C'est un peu notre aîné, puisqu'il a voyagé en stop avec son chien dans toute l'Amérique latine, sans le sou, travaillant ici ou là pour vivre. Après avoir passé quelques mois en pleine jungle, il est venu en Guyane dans l'espoir d'obtenir un visa pour l'Europe.

Les jours s'écoulent paisiblement chez Gabriel et sa copine française, Johanna. Un boulanger nous prend en sympathie et nous offre tous les soirs ses invendus, et nous glanons fruits et légumes au marché. Mes formalités administratives sont longues et compliquées : on me demande même de prouver que je suis français ! Puis il faut acheter un timbre fiscal. Évidemment je n'ai pas d'argent. Johanna m'avance 45 euros ; nous sommes vendredi, il me faudra revenir lundi. Je finis par déposer mon dossier complet, prêt à redevenir citoyen français. On m'annonce alors deux semaines d'attente pour obtenir le fameux passeport.

Guyane, 5 août 2010

Le ciel s'est couvert de gris en un instant. Au loin on entend comme un roulement de tambour. Une pluie torrentielle se déverse avec rage sur le toit de tôle. L'électricité est coupée, la ville paralysée. Nous sommes hypnotisés, incapables de détacher notre regard de ce déluge qui s'écoule le long des cocotiers, rebondit sur les immenses feuilles de palmiers pour s'écraser sur le sol boueux.

Cayenne essuie régulièrement ces violents orages. C'est autrement une ville calme, peu peuplée, fortement marquée par une ségrégation tolérée par tous. Notre teint de Blancs nous range automatiquement parmi les expatriés et nous sommes essentiellement en contact avec d'autres « métros ». Personne ne semble atterrir à Cayenne par hasard. On s'y est refugié, ou on y cherche quelque chose. L'époque du bagne a laissé des traces, on rencontre des descendants de bagnards, toutes sortes d'aventuriers venus de métropole chercher un coin de paradis. Ils partagent leur quotidien avec les créoles, maîtres incontestés des lieux, qui jouissent de tous les avantages d'être français tout en vivant au rythme lent et tranquille des Caraïbes. Ils tiennent tous les postes administratifs et gèrent le pays. Cayenne compte aussi ses Brésiliens et autres « Latinos », venus dans l'espoir d'obtenir des papiers pour l'Europe et surtout de multiplier leur salaire par dix. La Guyane est le marchepied de l'Europe pour toute l'Amérique du Sud, et, comme au Maroc ou au Cap-Vert, l'espoir de trouver une vie meilleure y est un puissant moteur.

Quelques médias s'intéressent à nous. La presse locale, puis France 3 font de nous des vedettes. À compter de ce jour-là, le recyclage et le stop sont grandement facilités, et nous obtenons sans problème un rendez-vous avec le maire. Il nous a vus à la télé, et nous reçoit comme s'il s'attendait à notre visite. Nous essayons de négocier le prix du visa pour entrer au Suriname, mais il n'y a rien à faire, la règle est la règle. Pour la première fois depuis notre départ de La Haye, j'utilise de l'argent – pour payer mon passeport et maintenant le visa –, en espérant que cela ne se reproduira pas. Nous voilà enfin prêts à poursuivre notre route.

Paramaribo, 13 août 2010

Klaxons, vrombissements de moteurs, sirènes qui tournoient dans l'air matinal, je me réveille dans une cacophonie de civilisation moderne. La chaleur a chassé les premiers frissons de l'aube, la guérite de police où nous avons dormi me semble irréelle. Nous sommes à Paramaribo, la capitale du Suriname. Les sonorités autour de nous sont familières, ce sont celles du hollandais. Il n'y a pas que la langue qui nous évoque notre ancienne vie d'étudiants. Paramaribo ressemble à La Haye, avec ses rues calmes, propres, bordées de maisons de poupées peintes en blanc. La population est bien plus bigarrée : hindous, Chinois, Guyanais, créoles, Saramaka et toute une génération qui s'affiche fièrement comme surinamienne. Ce soir, c'est la fête, pour célébrer l'investiture du grand Bouterse, ancien militaire au passé douteux et sous le coup d'un mandat d'arrêt international pour trafic de drogue, et en dépit de tout cela, élu démocratiquement. Le peuple se fiche pas mal de toutes ces casseroles, « tant qu'il aide le Suriname à se développer ».

La ville s'étend sur des kilomètres, avec sa banlieue industrielle. Difficile de trouver quelque chose à se mettre sous la dent, faute de restaurants ou de boulangeries. Heureusement, Ron nous tire de là : au volant de sa voiture de sport, il va jusqu'à la frontière avec le Guyana. Tandis que Raphael lui fait la conversation en néerlandais, il fonce à 160 kilomètres à l'heure. La route est bordée de canaux et de petites maisons, le paysage est plat, sans un arbre. Je me crois en Hollande.

Pour traverser la frontière entre le Suriname et le Guyana, il faut prendre un ferry. Nous allons nous renseigner au commissariat. L'officier qui nous reçoit affiche une dégaine théâtrale, la peau très noire et les cheveux grisonnants. Il écoute notre petit couplet, passe un coup de fil et nous annonce, zélé, que « tout est arrangé », nous pourrons faire la traversée gratuitement le lendemain. Le bus de la police nous y emmènera en même temps que les douaniers. Ne reste plus qu'à trouver un endroit sûr pour dormir, à l'abri des moustiques et des cafards qui pullulent dans le coin. En cherchant le lieu idéal, nous tombons sur une petite usine rizicole et ses hangars interminables. Surprise, dans un bureau, nous sommes accueillis par une famille indienne au grand complet, qui nous offre de délicieux « rosti » et nous fait visiter l'entreprise. Hermann possède 2 500 hectares de rizières et exporte principalement vers l'Europe. Notre dîner se compose de frites et de bananes offertes par un petit restaurant proche, que nous allons déguster au bord du fleuve où sont déjà installés des ouvriers de l'usine. Les berges sont encombrées de déchets en tout genre, frigos, tôles froissées, plastiques à moitié brûlés. Les ouvriers, tous guyanais, baragouinent un anglais incompréhensible. Ils semblent contents de leur sort, de leur salaire, 50 dollars du Suriname, environ 10 euros, et nous résument brutalement leur philosophie de vie : « *Money-food-fuck.* »

Georgetown, 19 août 2010

Le pied à peine posé au Guyana, me voilà assailli par une dizaine de types, habillés comme des chanteurs de hip-hop, qui veulent me vendre un ticket de bus. J'ai beau leur expliquer que nous n'avons pas un dollar sur nous, j'ai peine à m'en défaire. «*Hitchhiking?* rigole l'un d'eux. Vous faites du stop? Impossible!»

Décidément, après la Guyane française et le Suriname, encore bercés de l'influence européenne, le Guyana s'annonce bien plus âpre. Toutefois, contrairement à ce que nous avait prédit le vendeur à la sauvette, le stop démarre bien. Une cinquantaine de kilomètres sur une route défoncée et nous voilà dans notre premier village. Et il vaut le détour: des répliques de palaces indiens, tout dorés, roses, verts, côtoient des cabanes de bois sur pilotis, des cubes de béton, de luxueuses villas... Le tout sur une unique route. Derrière cet alignement hétéroclite, le paysage ressemble à un énorme marécage.

Le grand jeu des locaux, c'est d'essayer de deviner d'où nous venons. Ils se montrent curieux, ouverts et généreux. Les Anglais, après leur départ dans les années 1950, ont laissé derrière eux trois grosses communautés : des hindous, des musulmans et des créoles. Tous se mêlent harmonieusement, certains adoptent même une religion différente au gré des années. C'est le cas de Shazi, une jeune femme d'origine hindoue, élevée dans la religion musulmane puis convertie au christianisme à l'âge de 20 ans après avoir assisté à une réunion évangéliste. Impossible à imaginer dans bien d'autres pays que celui-ci. Entre les maisons qui longent la route presque sans interruption – tous les Guyaniens ont une maison, nous informe Shazi –, toutes sortes d'animaux se baladent en liberté, un peu comme en Inde. Ânes, chevaux, vaches, cochons, errent dans la rue, causant 75 % des accidents de circulation.

Quand nous expliquons aux gamins qui vendent des chips de banane au bord de la route ce que nous faisons, ils restent incrédules.

« *White without money ? No way !* » s'exclament-ils.

Puis un jeune camionneur de 17 ans nous embarque sur sa remorque et nous voilà partis pour contempler le paysage. Nous traversons un pont flottant, véritable monstre de ferraille qui enjambe un large fleuve, puis nous attaquons une belle échappée le long de l'unique route côtière, elle aussi bordée non-stop de maisons. Nous recevons avec plaisir l'énergie qui déborde de ces vil-

Georgetown, 19 août 2010

lages et rendons les saluts que nous adressent les enfants.

C'est samedi soir et des « Américains » ont organisé une fête dans le quartier. Naptale nous en explique le principe :

« Ici, on boit, on fume, on montre sa belle moto ou sa belle voiture, on baise. Le tiers-monde n'est pas pauvre d'un point de vue matériel, mais du point de vue de l'éducation, de l'ouverture sur le monde… »

Ce seront ses dernières paroles avant qu'il ne sombre lui aussi dans l'ivresse.

Les cris des cochons nous réveillent le lendemain, ils fouillent les ordures à la recherche de nourriture. Nous avons dormi sur un lit bancal, dans une maison sur pilotis. Ce n'est pas le grand luxe, nous sommes un peu endoloris mais assez reposés pour reprendre la route, direction Georgetown.

À l'approche de la capitale, le paysage est nettement moins bucolique. Les maisons de bois disparaissent peu à peu, pour laisser place aux immeubles de béton, bordant des avenues larges comme des boulevards et absolument immondes. Les canaux aussi dégagent une odeur nauséabonde. Il n'y a pas grand monde en ville ce dimanche : quelques clochards, qui se réveillent péniblement. En revanche, les églises font le plein. La ville regorge de *take-away*, fast-food vendant des repas à emporter, et les espaces verts sont jonchés de boîtes de polystyrène et de sacs en plastique. Un restaurateur indien nous laisse nous servir dans le buffet et une boulangère nous donne du pain rassis que nous cédons à notre tour à un clochard suppliant.

Notre voyage va prendre un tour nouveau, puisque nous nous sommes arrêtés quelques jours dans cette ville pour attendre Nieves, la copine de Raphael, qui vient nous rejoindre. Notre périple à deux s'achève et cette présence féminine laisse présager quelques changements dans notre routine désormais bien établie.

Kuru Paraki, 23 août 2010

> « Au nord et au sud, à l'est et à l'ouest, l'homme scie, avec un enthousiasme délirant, la branche sur laquelle il est assis. »
>
> Eduardo Galeano

Pneus, bouteilles de verre, gobelets, chaises en plastique, bassines, polystyrène, emballages, boîtes de conserve rouillées... on trouve absolument de tout sur les plages autour de Georgetown. Il n'y a pas âme qui vive dans cet immense dépotoir, sauf quelques gosses qui se baignent près de l'embouchure pestilentielle d'un canal.

Après quelques jours de repos et d'acclimatation pour la nouvelle venue, il est temps de remettre le cap sur le Mexique. Impossible, à cause d'un stupide conflit frontalier, d'aller directement au Venezuela, il faut repasser par le Brésil. Bien vite, nous nous apercevons que les gambettes de Nieves et son sourire charmeur nous facilitent bien les choses : on nous prend en stop plus facilement et notre alimentation s'améliore sensiblement. Deux jeunes nous offrent des ananas au bord de la route, et des Chinois, si désagréables en Guyane française, nous proposent même de belles assiettes de riz cantonais. Nous faisons étape dans une ville construite autour d'une énorme usine de bauxite qui vomit ses fumées noires. Mais la ville elle-même est plutôt animée ; les épiceries se font bars à la nuit tombée, les bazars de disques piratés crachent de la musique, ils voisinent avec de minuscules salons de coiffure et de multiples échoppes. Un jeune homme rencontré dans la rue nous emmène dans le bar de son cousin et la discussion s'engage, alimentée par de petites goulées du rhum local. On parle spiritualité, bonheur, voyages. Les verres se vident rapidement.

« *We are all sinners*[1] », se lamente notre nouvel ami.

Il nous propose de dormir chez son frère et nous y accompagne, puis repart boire un coup. Il n'y a pas à dire, à 62 ans, il tient encore une certaine forme.

Nous nous réveillons au chant du coq, sous une pluie torrentielle. Vers 9 heures, la pluie s'arrête, une chaleur de plomb s'abat sur nous. La jungle s'étend à perte de vue, lacérée par une route de terre. Le bar de la veille est déjà plein. Très vite, une camionnette nous embarque et nous nous installons à l'arrière, entre les caisses de bananes, les tapis et autres marchandises. Vingt kilomètres plus

---

1. « Nous sommes tous des pécheurs. »

loin, arrêt brutal. La direction est cassée. Nous sommes en pleine jungle et le chauffeur essaie de réparer, en vain. Nous finirons le voyage à bord d'une autre camionnette conduite par des Indiens partis à Georgetown faire le plein de provisions : viande de bœuf, porc, poisson... de gros sacs puants qui nous servent de siège... Le pied pour des végétariens !

Nous faisons abstraction de l'odeur pour contempler la jungle, moins dense qu'en Guyane, mais tout aussi mystérieuse. Nous croisons bien peu de véhicules et un jeune forestier nous raconte son quotidien : « *shortman, pumpin' and blues* ». En gros, « du rhum, du porno et de la branlette ». Il boit tous les jours : « *Nothing else to do !* »

Notre chauffeur, Jo, nous réveille avant le lever du jour. Il fait nuit noire, la lune est déjà basse et s'apprête à disparaître derrière les arbres. Les sacs de poisson et de viande voisinent désormais avec quelques bidons d'essence ou de gazole. Le camion s'enfonce dans l'obscurité de la forêt par un chemin boueux, et, l'esprit encore embrumé, nous sommes saisis par la magie de ce spectacle, des étoiles qui percent parfois à travers la jungle. Après une centaine de kilomètres, l'atmosphère mystérieuse se dissipe dans un halo de lumière.

Puis Jo nous abandonne, tout secoués, dans un restaurant perdu au milieu de la forêt. Nous y faisons la connaissance d'Amon. Avec son regard noir chargé de mystère, son visage tanné, son large front, ses yeux creusés, dessinés d'un trait, ses pommettes saillantes, il a tout d'un Amérindien. Il sourit avec bonté, mais je vois de la tristesse dans ses yeux, une tristesse que quelques verres d'alcool parviennent à dissiper. Il me parle de ses racines, de ces gens qui mangeaient de la *kassav* et vivaient heureux… Aujourd'hui, ils ne jurent que par la consommation et les supermarchés.

« C'est la faute des Blancs… ils ont amené l'électricité… », soupire Amon.

Il nous conduit jusqu'à Clair View, le seul village amérindien du coin. Un endroit magnifique, une terre riche et fertile, de l'eau en abondance, des arcs-en-ciel tous les jours. Mais la vie y est difficile. Le village compte deux cent soixante-dix âmes, soixante-douze enfants à l'école primaire. Les adultes travaillent à la mine ou à la scierie. Le soir, ils rentrent exténués et boivent. Sarah, l'une des représentantes de la communauté, nous parle de sa famille : trois filles et un mari mécanicien qui rentre tard pour écouter sa musique à fond et regarder des films d'action. En pleine nuit, effectivement, nous sommes réveillés par le bruit du générateur, puis les enceintes grésillent et crachent du reggae. On entend des voix, des rires, des bouteilles qui se cassent. Le mari de Sarah s'est organisé un petit « *after* », alors que le reste de la famille dort à poings fermés. Le lendemain, nous nous cognons dans deux types profondément endormis sur des bancs. Sarah, dans sa cuisine rudimentaire, a l'air épuisée, usée par la situation. Elle nous prépare des petites crêpes frites en nous expliquant que l'alcoolisme fait des ravages dans le village. Dehors, la nature s'éveille doucement, des cris inconnus s'échappent de la forêt, et nous surprenons un singe qui saute de branche en branche au-dessus de nos têtes.

Boa Vista, 27 août 2010

Nous retrouvons le Brésil pour vingt-quatre heures à peine. La campagne électorale bat son plein. Attablés devant une assiette de riz et de manioc dans un troquet, nous regardons les spots de campagne à la télé. Dilma Rousseff, du parti de gauche, le PT (Parti des travailleurs), brigue la succession du charismatique Lula. Leur spot est digne des superproductions hollywoodiennes et l'issue du scrutin ne fait pas de doute. Un peu plus tôt dans la journée, Bruno, technicien qui pose des lignes téléphoniques jusque dans les quartiers les plus pauvres, nous a confié sa vision des choses :

« Lula apparaît comme un héros, mais en réalité, il ne fait pas grand-chose pour lutter contre la pauvreté et les favelas. Il a permis à trente millions de Brésiliens d'accéder à la classe moyenne… C'est une stratégie intelligente, car ce sont eux qui consomment et créent de la richesse. »

Et de conclure :

« Lula est tout aussi corrompu que les autres... mais il présente mieux ! »

Après une nuit à même le sol, nous retrouvons sans joie les difficultés du stop au Brésil. Des heures à attendre sans que personne ne s'arrête. Finalement, on consent à nous prendre grâce aux supplications charmantes de Nieves, non sans nous avoir demandé si nous n'étions pas des assassins. Toujours est-il que notre conducteur nous emmène jusqu'à la frontière, et les montagnes que nous voyons au loin annoncent le Venezuela.

Chirimena, 30 août 2010

« *Patria, socialismo o muerte.* »
[Patrie : socialisme ou mort.]

Hugo Chávez

Le premier matin, je suis réveillé par des «*puri puri* », de petits insectes suceurs de sang, qui ne consentent à lâcher mes jambes qu'une fois celles-ci plongées dans la rivière. Au loin s'élèvent les tepuis, de hauts plateaux aux pentes abruptes. Nous sommes au cœur d'une réserve indienne créée par Chávez au début de son mandat. Les natifs de ces terres « sacrées » sont les seuls autorisés à y faire du commerce et à construire des maisons.

Grâce à l'espagnol, la vie quotidienne est plus facile qu'au Brésil. On nous offre plus aisément de la nourriture, et, comme c'est l'anniversaire de Raphael, nous nous mettons en tête de faire la tournée des hôtels.

« Toutes ces chambres vides, autant qu'elles servent à quelqu'un », nous dit-il.

Et il fait bien d'y croire : le troisième hôtel sollicité, une petite *posada* tenue par une famille, nous offre une chambre.

La gérante, Mireira, est remontée contre Chávez :

« En dix ans, il n'a fait que construire des routes et exproprier des gens », râle-t-elle.

Elle craint qu'on l'exproprie de la maison qu'elle fait construire pour la donner aux sans-abri, et peste contre les allocations chômage :

« Les Vénézuéliens sont trop fainéants, ça leur donne une excuse pour ne pas travailler et se saouler. »

Selon elle, le gouvernement veut transformer son pays en nouveau Cuba. Et pourtant, quand je vais en ville, force est de constater qu'on en est loin. Les publicités pour Pepsi ou Coca-Cola ornent les façades, les télévisions diffusent des émissions américaines et le capitalisme est partout.

Nous repartons avec un repas offert par Mireira. Dans les villages que nous traversons, l'activité semble tourner autour du trafic d'essence. Le stop est très facile et nos conducteurs successifs affichent des opinions variées ; les uns vantent la politique socialiste de Chávez, le développement de la culture, le salaire minimum de 900 bolivars, les universités gratuites, les expropriations... Les autres déplorent la crise économique, la nationalisation de l'agriculture, le bas niveau d'éducation... Hugo Chávez ne laisse personne indifférent.

Au bout de trois jours, nous sommes au bord de la mer, chez Margarita : elle a 48 ans... et vingt-trois petits-fils ! Ce qui ne l'empêche pas de nous offrir le gîte et le couvert. Elle aussi a une opinion sur Chávez, qu'elle admire, et sur le pays :

« Les gens ne sont pas prêts pour le socialisme. »

Choroní, 20 septembre 2010

« Une idée juste depuis le fond d'une grotte a plus de pouvoir qu'une armée. »

Fidel Castro

Face à la mer, assis tranquillement sur un banc, j'écoute les cigales qui chantent à tue-tête, l'océan qui ramène inlassablement une vague sur le sable. La lune se lève, étincelante, passant du rouge au jaune pâle. Une barque de pêcheurs est en vue, Braulio m'appelle pour les aider à accoster. Nous disposons plusieurs rondins sur la plage pour faire glisser le bateau. Maladroit, je manque de me faire écraser les jambes. Les pêcheurs, reconnaissants, nous offrent un poisson. Nous sommes à Sabana, un petit village sur la route de Caracas. Nieves est tombée malade et nous avons trouvé refuge chez cet homme mystérieux. Impossible de savoir d'où il vient, il refuse de le dire.

« L'identité, c'est comme la propriété, ça ne crée que des différences et des litiges. »

C'est une sorte de saltimbanque, d'artiste engagé qui peint des messages sur les murs des écoles ou des hôpitaux. Avec ses dreadlocks enroulées en chignon sur la tête et sa barbe épaisse, nous n'avons rien à lui apprendre en matière d'écologie. Il rembarre Nieves quand celle-ci lui demande du papier toilette :

« Vous coupez des arbres pour vous essuyer les fesses ? Un voyageur mange de la main droite et se torche avec la gauche. »

Après trois jours, Nieves se rétablit et nous quittons Braulio. La route serpente le long de la côte, bordée d'eaux turquoise. Petit à petit, nous retrouvons les plaisirs de la ville, embouteillages, klaxons et odeurs artificielles. Caracas est l'une de ces villes admirablement chaotiques. Les maisons, les quartiers s'empilent, s'agglutinent, les murs sont peints de rouge, de jaune ou de bleu, les couleurs du Venezuela. Un nuage de pollution flotte sur la ville, les conteneurs à ordures débordent de partout. Dans ce capharnaüm, nous allons découvrir un autre aspect de la ville : les quartiers luxueux et protégés comme celui d'Altavilla. Nous y pénétrons pour rendre visite à des amis de Raphael, un professeur d'allemand et son épouse mexicaine. Tous les immeubles sont surveillés et entourés de barrières électriques. C'est une enclave de richesse au milieu d'un océan de misère. Une rivière asséchée forme une barrière naturelle entre ce quartier et le reste de la ville, les pauvres y vivent en récupérant des ordures dans les poubelles des riches.

À Caracas, impossible d'échapper à la visite de la Colonia Tovar, une colonie allemande fondée au XIXe siècle, devenue haut lieu du tourisme local. À une heure de route, c'est un petit bout de Suisse qui nous attend. Forêt de pins et paysage de carte postale : des maisons à colombage, une église de style roman, des rues propres et ordonnées. Esteban, notre chauffeur, est aussi l'ancien maire. Il nous raconte que Colonia Tovar est née de la volonté du président de l'époque d'importer le savoir-faire agricole européen. Aujourd'hui, il ne reste plus guère que ce décor d'opérette et quelques descendants des familles allemandes, grands, blonds, la peau rose et des noms à consonance germanique.

Nous quittons la capitale du Venezuela par une route magnifique, surplombant la mer turquoise, tout en virages. Nous n'apercevons que de rares villages, perdus entre la côte et la forêt. Puis, à notre grande surprise, la route s'arrête soudainement. Notre conducteur nous conseille de poursuivre en bateau. Par chance, trois pêcheurs nous embarquent aussitôt à bord de leur *lancha* et nous emmènent pour une superbe balade le long de la côte : petits villages coupés du monde, eaux cristallines, montagnes verdoyantes. Quelques poissons sautent autour de l'embarcation, scintillant au soleil. Au bout d'une heure, nous voilà à Choroní, qui abrite des centaines de bateaux dans l'embouchure d'une petite rivière. Du riz et des haricots rouges offerts par une restauratrice en guise de dîner, et nous finissons par nous endormir sur la plage.

Maracaibo, 23 septembre 2010

Aboiements, ronflements de moteur, bruits de voix, le parking de l'hôpital où nous avons passé la nuit s'anime peu à peu. Un pot d'échappement pétarade près de nous, il est temps de lever le camp. Maracaibo est l'une des plus grandes villes du pays et sûrement la plus dantesque. La pollution y est terrible, la saleté omniprésente, même la mer pue. Le fléau, ce sont les vieilles voitures américaines qu'on trouve partout en ville, un vrai poison pour l'environnement. Elles consomment deux fois plus qu'un modèle récent. Mais les gens s'en moquent, car ici l'essence coûte moins cher que l'eau ou le pain.

Maracaibo est notre dernière étape au Venezuela. Le lendemain, nous sommes en Colombie, dans le département de La Guajira, sur la péninsule du même nom. L'atmosphère y est tout autre. Les gens ont la peau plus foncée, les yeux en amande, les femmes âgées portent la tenue traditionnelle. Un camion avec toute une famille à bord – grands-parents, adultes, ados, jeunes enfants –, qui transporte illégalement gens et marchandises, s'arrête pour nous prendre. Parmi les passagers, l'un boit du whisky au goulot, l'autre, un gamin de 12 ans, a mis le pistolet de son père à sa ceinture. Des constructions anarchiques, en brique, sont disséminées un peu partout, reliées au réseau électrique par des câbles bricolés. Durant notre court séjour dans le département de La Guajira, nous croiserons des véhicules de trafiquants chargés de bidons d'essence récupérés au Venezuela. Tandis que, sur le bord de la route, des panneaux à la gloire d'Hugo Chávez célèbrent « la révolution pétrochimique en marche ».

La recherche d'un lieu pour dormir s'avère plus compliquée que prévu dans ce petit pays anarchique. Nous nous cassons le nez à l'hôpital, dans une clinique et même chez les pompiers. Après une bonne heure de marche, nous voilà devant le DAS, sorte de services secrets colombiens ! À notre grande surprise, l'officier qui nous reçoit se démène pour nous aider. Quelques coups de fil plus tard, il nous déniche de quoi dormir dans un ancien monastère reconverti en centre pour handicapés.

Le lendemain, deuxième surprise : nous sommes invités à participer à une espèce de show télévisé par Alcides, un journaliste que nous avons croisé la veille. Du coup, troisième surprise, nous sommes invités au lycée technique de la ville pour raconter notre expérience aux élèves. Écologie, végétarisme, hospitalité marocaine, confiance et partage, tous les sujets sont abordés. L'attention et l'enthousiasme des jeunes qui nous écoutent nous confortent dans la certitude que nous avons fait les bons choix. Mais le soir même, un patron de restaurant nous demande :

« Est-ce que ce que vous faites sert à quelqu'un ? »

Difficile de répondre, mais en tout cas nous sommes convaincus que notre aventure génère des interrogations et qu'elle peut inspirer profondément d'autres personnes. Rien que pour cela, elle nous paraît utile.

Cartagena, 10 octobre 2010

Deuxième étape en Colombie : Riohacha, une ville touristique bordée d'une belle plage. Pour la première fois depuis notre départ d'Europe, nous dormons dans un établissement religieux, chez des sœurs capucines. Elles tiennent un *hogar infantil*, une sorte de refuge pour les enfants dont les parents ne peuvent s'occuper. Elles sont trois sœurs pour trois cent cinquante enfants.

La Colombie n'a rien à voir avec le Venezuela : impossible de grimper à l'arrière d'une camionnette, c'est interdit. Du coup, le stop est difficile, d'autant qu'il y a des barrages policiers tous les 30 kilomètres. Ironie du sort, ce sont des officiers de police qui nous prennent en charge, plutôt curieux de savoir ce que font ces trois jeunes Européens sur le bord de la route.

« La situation est dangereuse ici », nous répètent-ils.

Ces derniers jours, il y a eu des affrontements entre paramilitaires et forces de l'ordre ; des groupes armés sévissent dans la montagne et font parfois des descentes dans les villages. Prudents, les policiers nous obligent à prendre un bus, après avoir négocié avec le chauffeur. Je me retrouve assis à côté d'une vieille Indienne, soigneusement habillée d'une robe beige. Elle a un joli visage triangulaire, des pommettes relevées, sa peau est brune et toute plissée. Elle me parle immédiatement de l'État, qui s'occupe exclusivement des *empresarios* (entrepreneurs), laissant de côté les *campesinos* (paysans), de l'accroissement des inégalités, puis conclut :

« Heureusement, Jésus est là. »

Le car nous dépose au crépuscule à l'entrée de la ville de Santa Marta. Plusieurs heures de marche plus tard, nous n'avons pas trouvé de lieu où passer la nuit. Pompiers, policiers, le « *bienestar familial* », l'hôpital nous ferment leurs portes. Il ne nous reste qu'à nous installer dans un petit centre commercial, près de la plage. Réveillés à 5 heures du matin, nous avons la surprise de découvrir une ville grouillante d'activité. Un jeune aviné nous aborde, déblatère un discours sur le président Santos, qu'il accuse d'avoir acheté les voix du peuple, en lui donnant de la nourriture et de l'argent. Et il affirme que les paramilitaires sont au service de narcotrafiquants qu'ils sont censés combattre.

« Santos utilise la peur pour gouverner le pays », insiste Juan Carlos.

Difficile d'abonder dans son sens, mais la suite de la journée lui donne en partie raison. Personne ne nous prend en stop, sauf un jeune homme qui a lui-

Cartagena, 10 octobre 2010

même voyagé en stop en Europe. Puis, une nouvelle fois, ce sont des policiers qui nous organisent un voyage en bus jusqu'à Barranquilla. Nous arrivons dans un quartier un peu louche, bordé de motels et de clubs aux vitres teintées, gardés par des gorilles. Nieves n'est pas très tranquille et, à dire vrai, moi non plus. Un jeune s'accroche à nous :

« Ça fait trois jours que je suis sous cocaïne », se vante-t-il.

Finalement, nous acceptons d'aller dormir chez lui, une humble maison où il vit en compagnie de sa femme, de sa belle-sœur et de ses deux enfants âgés de 2 ans pour l'un et 21 jours pour l'autre. À la lumière du jour, son quartier apparaît totalement délabré, les trottoirs sont défoncés, des monticules de déchets jonchent le sol. Nous nous dépêchons de quitter cet endroit déprimant. À la station-service où nous faisons du stop, un chauffeur de moto-taxi sniffe une ligne de cocaïne avant de faire le plein. Drôle d'ambiance.

Panamá, 19 octobre 2010

Nous attendons le lever du soleil, assis sur des rochers au bord de la mer. Une vingtaine de pêcheurs récupèrent un immense filet tendu la veille. Ils tirent une lourde corde par à-coups, tandis qu'une barque se rapproche en tenant le filet au-dessus du niveau de l'eau. Une nuée de mouettes et quelques pélicans planent au-dessus de la scène, guettant une proie. Le butin est maigre, quelques poissons chacun. Les femmes, pendant ce temps, ont préparé le petit déjeuner sur des braseros : galettes de maïs et haricots rouges.

Les dernières nuits ont été difficiles et courtes et Nieves craque. Personne ne veut nous offrir l'hospitalité et, la nuit dernière encore, nous avons dormi sous l'auvent d'une station-service. Elle n'en peut plus de dormir dehors, avec les cafards.

À compter d'aujourd'hui, notre petite troupe s'élargit encore. Camille, ma copine que j'avais quittée quelques jours avant le départ, voulant être libre de toute attache, nous rejoint. Nous avons échangé des mails, elle a envie de vivre un bout de cette expérience avec moi. De mon côté, je ne suis pas certain que ce soit une bonne idée : j'ai le sentiment que ce voyage m'a déjà tellement changé. Dès son arrivée, d'ailleurs, il y a eu un froid : elle ne m'a pas reconnu et a voulu me couper la barbe et les cheveux pour me retrouver physiquement. Il est clair qu'il va être difficile de reconstruire nos liens d'avant, mais au moins, Camille peut être une amie pour le restant de ce voyage et sa présence rééquilibre le groupe : elle et Nieves pourront se tenir les coudes. Quant à moi, je me sens moins seul face au couple formé par Raphael et Nieves.

Il n'y a pas de route qui relie les deux continents américains. Depuis Cartagena, où nous nous trouvons, il faut dénicher un bateau qui nous convoie gratuitement, alors que la traversée coûte normalement 400 dollars. L'opération peut prendre quelques jours, et heureusement nous découvrons une *posada*, une auberge, qui nous ouvre ses portes quelques nuits. Un vrai soulagement pour Nieves et une bonne entrée en matière pour Camille. Très touristique, le *casco viejo*, la vieille ville, est rempli de restaurants et bars, ce qui assure aussi notre subsistance.

Décidément, le sort nous sourit, car nous rencontrons Ludwig peu après. Anarchiste convaincu, il est capitaine du *Stahlratte*, un bateau de 40 mètres qui embarque régulièrement une vingtaine de personnes pour la traversée. Lui et son copain Roland, qui a passé cinq ans à sillonner l'Amérique à moto, sont un peu sceptiques devant notre obstination à ne pas dépenser d'argent. Mais ils nous proposent tout de même un marché : nous nous chargeons du nettoyage et de la cuisine à bord et ils nous emmènent.

Affaire conclue. Nous voilà partis sur ce vieux rafiot rouillé et déglingué, sur la mer des Caraïbes. Au bout de trois jours, nous sommes aux San Blas, un archipel paradisiaque de trois cent soixante îles habitées par les Kuna, des indigènes dont le mode de vie est resté traditionnel. Ils logent dans des huttes sur pilotis, naviguent sur des espèces de pirogues creusées dans des troncs d'arbres, les *lanchas*, et ne s'ouvrent que lentement au tourisme. Nous détonnons un peu avec nos moteurs bruyants dans ce décor de mangrove. Et c'est ainsi que nous arrivons à Panamá.

La ville de Panamá possède deux visages. Le vieux centre est en ruine, les spéculateurs veulent en faire une cité touristique comme à Cartagena et font artificiellement monter les loyers pour chasser les habitants. Un peu plus loin, des gratte-ciel, le port hérissé de grues, des milliers de conteneurs qui transitent là quotidiennement. Les inégalités sont criantes, les prix exorbitants. Une pizza coûte 4 dollars, alors que le salaire horaire minimum est de 1,80 dollar.

Très vite, nous quittons la capitale, par le bien nommé pont des Amériques, qui relie les deux rives du canal de Panamá. Nos deux jolies auto-stoppeuses tapent immédiatement dans l'œil d'Alfredo. La campagne panaméenne est ponctuée de panneaux publicitaires pour des groupes immobiliers, des hôtels ou des résidences de luxe pour *gringos*. Les villages, aux maisons identiques alignées sur des centaines de mètres, annoncent les États-Unis. Les rencontres sont chaleureuses, et nous nous gavons de bananes et de mangues. Fernando, 70 ans, est stupéfait de nous rencontrer : il en a croisé, dans sa vie, des étrangers, mais des Occidentaux sans argent comme nous, « c'est la première fois » !

Liberia, 5 novembre 2010

Une tempête tropicale est annoncée, le déluge s'abat déjà sur la côte Pacifique et le village de Domenical, haut lieu du surf. Il a plu toute la nuit, sans interruption, une pluie bruyante et drue. Nos K-Way sont un peu dérisoires, nous sommes totalement trempés de toute façon, et le stop n'est pas très probant dans cette situation. Après plusieurs heures d'efforts et de patience sous la pluie, nous n'avons fait que 5 kilomètres… Il pleut toujours et le ciel s'obscurcit déjà, quand un camion nous tire enfin de ce mauvais pas. Je me rends compte que notre quotidien est moins compliqué depuis que les filles sont avec nous : plus facile de trouver à se loger, à manger, de faire du stop… Curieusement, j'en viens presque à le regretter : les galères et les difficultés m'offraient des décharges d'adrénaline que je ne connais plus.

Au fur et à mesure que nous remontons vers le nord, la proximité des États-Unis se précise : les retraités américains en villégiature, avides de jeux et de plaisirs pas chers, sont de plus en plus nombreux. Sur la côte, hôtels, casinos, restaurants se succèdent, avec leurs menus en anglais.

« Les *gringos* nous apportent de l'argent, c'est vrai, remarque l'un de nos chauffeurs. Mais maintenant, les boîtes de nuit sont pleines d'adolescentes qui gagnent plus d'argent en se prostituant qu'en travaillant honnêtement... »

San José, la capitale du Costa Rica, est déroutante. Ici, les rues n'ont pas de nom, on donne les adresses par rapport à des lieux connus, du style « à 400 mètres au sud de la Banque nationale, puis 50 mètres à l'ouest ». Nous trouvons à nous héberger chez Carlos, qui vit dans un petit *callejon*. Les maisons sont humbles, sans étage, la télévision semble y être le seul bien de valeur et pourtant, tout est grillagé. Le sentiment d'insécurité est très fort, dans ce pays où l'État et l'économie sont stables et les inégalités moins marquées qu'ailleurs. Un soir, nous sommes invités à dîner chez Juan, un fringant sexagénaire. C'est la première fois que nous dînons chez un particulier depuis notre traversée du Maroc. Le même jour, Raphael et moi décidons de devenir *vegan*, végétaliens, c'est-à-dire de ne plus manger du tout de produits d'origine animale : lait, œufs, beurre, fromage... C'est une étape de plus dans notre cheminement, notre volonté de laisser l'empreinte écologique la plus faible possible, de consommer au maximum des produits non modifiés. Juan, notre hôte, ancien directeur de théâtre qui a connu Fidel Castro, accueille notre décision avec chaleur avant de nous parler longuement de son pays.

Ocotal, 13 novembre 2010

> « Sème un acte, tu récolteras une habitude ; sème une habitude, tu récolteras un caractère ; sème un caractère, tu récolteras une destinée. »
>
> Dalaï-lama

Les douaniers ne veulent rien entendre. Pour franchir la frontière entre le Costa Rica et le Nicaragua, il faut payer 12 dollars par personne. Depuis le début du voyage, nous n'avons utilisé de l'argent que pour récupérer mon passeport et payer le visa d'entrée au Suriname. Nous tenons conciliabule dans un café à quelques mètres de la douane pour prendre une décision. Autour de nous, ça grouille de monde : des porteurs ensevelis sous d'énormes ballots de vêtements, des chauffeurs de taxi qui patientent à l'ombre des arbres, des vendeurs de pacotille, des *tuk-tuk* tirés à bout de bras par des hommes en sueur... Le long de la route, des alignements de baraques en tôle abritent des dizaines d'échoppes : portables, fringues, nourriture, produits d'entretien, tout se vend. La vie ici tourne autour du commerce et de l'argent. Comme Nicola avant elles, les filles ne comprennent pas notre intransigeance sur la question et la discussion est animée.

« Qu'est-ce que ça peut faire, de dépenser quelques dollars de temps en temps ? » s'agace Nieves.

Pour Raphael et moi, la réponse est évidente : ce monde qui nous entoure nous semble profondément absurde et, en nous abstenant de dépenser de l'argent, nous avons bon espoir de pouvoir changer un peu les choses à notre échelle. Mais au final, les filles obtiennent gain de cause et nous payons notre dû pour passer la frontière du Nicaragua.

Les « Nicas », tant décriés par les « Ticas », leurs voisins du Costa Rica, nous séduisent d'emblée : nous n'avons pas rencontré plus chaleureux et hospitaliers qu'eux sur ce continent. On nous offre tant à manger que nous ne pouvons tout avaler, et le stop est un pur bonheur. Direction l'île d'Ometepe, plantée au milieu d'un immense lac d'eau douce, parmi les volcans. John, un Américain un peu original, y a acheté 40 hectares de terrain et un orphelinat abandonné pour monter un projet écologique d'avant-garde. Après une nuit chez lui, nous allons raconter notre aventure à des gosses de l'école voisine, ravis. John n'est pas le seul personnage surprenant de l'île. Dans la petite ville de Moyogalpa, dans une auberge de jeunesse, nous tombons sur un groupe d'illuminés qui s'affirment descendants des

LNUK. Le doyen de cette communauté, qui se fait appeler le « *viejo indio* », nous explique que le LNUK était une langue parlée sur la totalité de la planète Terre quand la race humaine était regroupée. Avec la dérive des continents, la langue s'est perdue, et tout le savoir qui allait avec... Cette histoire farfelue me fait doucement sourire, mais je suis quand même étonné par la connaissance incroyable que ces gens ont des plantes sauvages, qu'ils cultivent dans le jardin selon des méthodes ancestrales, pratiquant la « permaculture ». Mieux encore, ils ont presque réussi à bannir totalement le plastique de leur quotidien et réutilisent presque tous leurs déchets. Bien sûr, ils sont végétaliens. Ils m'expliquent qu'ils cherchent des terres pour installer une communauté d'où l'argent serait proscrit. Leur projet me passionne et je me prends à hésiter : vais-je arrêter le voyage, mon aventure, pour les rejoindre ? Le moment ne s'y prête pas, car Raphael, Nieves, Camille et moi venons de nous fixer un objectif : dans trois semaines commence la COP 16, la conférence sur les changements climatiques, à Cancún. C'est l'endroit et l'occasion rêvés pour terminer notre expédition écologique et nous avons décidé d'y être. Nous abandonnons le Nicaragua, les LNUK et leurs idéaux à regret, pour poursuivre notre route.

Puerto Cortés, 20 novembre 2010

Nous entrons au Honduras par une forêt de pins. Nous sommes sur les hauteurs, l'air est frais malgré le soleil éclatant. Le paysage évoque mon Jura natal, mais le camionneur originaire du Belize qui nous conduit me ramène à une plus triste réalité :

« Le Honduras est dangereux », affirme-t-il.

Effectivement, dans une station-service au milieu de nulle part, un gardien veille sur les lieux, mitraillette à la main. À Tegucigalpa, capitale du pays, cette impression bizarre se confirme. Le soir tombé, les rues se vident, et les rares passants nous interpellent : « *Peligroso !*[1] »

Un chauffeur de taxi préfère nous prendre en charge plutôt que de nous laisser au bord de la route.

« *Caminar a esa hora ? Están locos !*[2] »

Dans une sorte de refuge pour sans-abri, c'est une femme armée d'un pistolet qui nous accueille. Elle

---

1. « Dangereux ! »
2. « Marcher à cette heure-ci ? Vous êtes fous ! »

nous propose de dormir avec le personnel et nous ouvre la porte d'une pièce de 12 mètres carrés où cinq femmes dorment déjà. Impossible de s'allonger tous – il n'y a pas assez de place –, alors nous tentons l'hôpital. Des dizaines de gens patientent déjà, des blessés, des enfants qui pleurent, des vagabonds à l'allure de zombies. Camille fait une crise d'angoisse, et nous ne parvenons pas à la calmer. Cela amadoue le gardien, qui nous laisse entrer. Nous finissons par trouver un recoin sous un escalier où tenter de fermer l'œil, mais la nuit est bien pénible.

Le lendemain, c'est dimanche, et les Nicaraguayens vont d'abord à la messe, sous l'œil de policiers armés de mitraillettes, puis au centre commercial pour manger, consommer, aller au cinéma ou juste flâner. Grâce à Nieves, dont le petit couplet est désormais très convaincant, nous faisons un repas de roi : trois barquettes de riz, des légumes, des patates douces et même une pizza pour les filles. Le soir suivant, c'est le consul du Belize, chez qui nous sommes allés négocier le prix des visas, qui nous invite carrément au restaurant, avec menu *vegan* et dessert au chocolat. Tandis que sa femme, Gladys, évoque la situation politique du pays et les « Honduriens trop fainéants », nous oublions la nuit cauchemardesque de Tegucigalpa.

Mexico, 26 novembre 2010

Nous sommes en train de devenir des stars locales. Nous figurons en une d'un journal du Honduras et une chaîne de télévision guatémaltèque fait un reportage sur nous, ce qui nous vaut de ne pas avoir à payer la taxe touristique. Il faut dire que notre histoire frappe les esprits : dix mois sur les routes sans argent, 24 000 kilomètres parcourus. Nous avons emprunté deux cent soixante-dix véhicules, dont cinq bateaux, passé des dizaines de nuits à la belle étoile, des dizaines d'autres chez les pompiers ou dans les hôpitaux, pas mal sur les trottoirs, et nous avons dépensé moins de cent euros au total, pour les visas, les passeports et les taxes. L'épopée prend de l'envergure et nous avons désormais hâte d'arriver à destination. Nous fonçons pour traverser le Belize. Pourtant c'est un pays charmant, moins de quatre cent mille habitants, tout y est plus calme, plus relax qu'ailleurs, la végétation est luxuriante, la circulation automobile presque inexistante. Après les plaines plantées de palmiers, de cannes à sucre, de citronniers, voilà enfin la frontière mexicaine. Difficile de décrire ce que nous ressentons en passant sous le panneau « Bienvenue au Mexique ». Cela fait onze mois que nous avons imaginé ce moment et il est arrivé. Le sentiment d'accomplissement est extraordinaire. Raphael sort de son sac le drapeau mexicain que nous avions trouvé dans un conteneur à Las Palmas, et qui nous avait semblé alors être un signe du ciel. Il l'agite joyeusement au-dessus de sa tête et exulte.

Cancún, 8 décembre 2010

« L'utopie est à l'horizon. Je m'approche de deux pas, elle s'éloigne de deux pas. J'avance dix pas de plus et l'horizon se déplace dix pas plus loin. Mais alors, à quoi sert l'utopie ? Elle sert à ça, à marcher. »

Fernando Birri,
cité par Eduardo Galeano

Une longue route rectiligne au travers de la péninsule du Yucatán, comme symbole de la dernière ligne droite avant de toucher au but. Ces 400 kilomètres filent comme un rêve, jusqu'à l'affreuse ville touristique de Cancún et au Klimaforum, le campement alternatif qui se tient en marge de la conférence mondiale. Nous sommes très bien reçus par les participants au forum, incarnant les valeurs qu'ils prônent. Notre arrivée sonne comme une victoire de nos idées, nous sommes fiers de pouvoir dire que nous sommes venus là sans argent, avec une empreinte écologique réduite au strict minimum.

Mais pas question de souffler, et nous nous engageons rapidement dans la vie quotidienne du camp, à la cuisine, à la réception… Après avoir tant reçu, c'est à notre tour de donner pour les autres. La fin du voyage n'est en rien la fin de notre aventure, de notre engagement, bien au contraire. Raphael et moi n'avons pas oublié la promesse que nous avions échangée lors de notre fameuse nuit sur l'Atlantique : celle de ne plus jamais toucher un billet de banque ou une pièce de monnaie. Au fil des jours et des semaines passés sur la route, cette simple décision est devenue une conviction forte, un rêve, une utopie. C'est l'idée de réaliser ce rêve qui nous anime désormais.

Comme on pouvait s'y attendre, la conférence internationale n'a débouché sur rien de concret. Les quelques milliers d'indignés que nous étions ont crié leur colère face à l'impuissance des gouvernements.

Après cela, nos routes se sont séparées. Camille, exténuée, avait besoin de décompresser, de prendre du recul. Nous savions que notre relation n'était plus qu'amicale et elle est rentrée en Europe. Malgré moi, car j'aurais voulu qu'elle poursuive avec nous jusqu'à Mexico, afin que nous achevions ce périple tous ensemble. Raphael et Nieves ont décidé de continuer le voyage en stop et sans argent jusqu'à Mexico. Un Danois rencontré là m'a proposé de récupérer son vélo, ce que j'ai accepté sans hésiter, dans l'idée de rejoindre moi aussi la capitale du Mexique, à 1 500 kilomètres de là.

Épilogue

Il m'a fallu trois semaines pour parcourir les 1 500 kilomètres qui me séparaient de Mexico. Trois semaines d'efforts intenses, par 40 °C à l'ombre, trois semaines de solitude, sans argent, sans compagnons de route. Je suis arrivé affamé, amaigri, épuisé. Mais plus que jamais décidé à poursuivre cette vie qui m'apparaissait comme désormais la seule envisageable.

Une étrange rencontre a forcé ma détermination. Un soir, au crépuscule, sur une petite route, je pédalais furieusement, une légère brise dans le dos. J'étais heureux, comme libéré. Je regardais l'horizon lorsque j'ai aperçu un animal sur la route. Un puma, au pelage ocre, imposant. Il m'a toisé de son regard, a tourné la tête, est reparti de son pas lent et majestueux, les muscles roulant sous la fourrure, puis a disparu dans la brousse.

Je suis resté immobile sur mon vélo, hanté par le regard du félin.

Tout d'un coup, tout prenait sa place. L'écologie, le stop, la récup, la vie sans argent, tout cela me paraissait logiquement conduire à cet instant d'absolue harmonie. Cette harmonie, cet équilibre que j'avais vus dans le regard du puma, dans l'orangé du coucher de soleil, dans la brise légère qui apportait sa fraîcheur, ce don permanent de la nature.

L'évidence était là : il me fallait désormais vivre au rythme de ce que la nature, les gens, le monde, pouvaient me donner librement, selon mes besoins et non mes désirs. Vivre heureux, dans la simplicité la plus totale.

À Mexico, j'ai été accueilli à bras ouverts par des amis, Arturo et Edgar. Il ne m'a pas fallu plus de quelques jours pour transformer leur appartement en « *ecodepa* », sorte de lieu alternatif et écologique où nous récupérions les eaux usées, où nous avions installé un jardin urbain sur le toit et démarré un compost, et où nous organisions toutes les semaines un repas végétalien gratuit… Pour obtenir des denrées alimentaires – farine, haricots rouges ou riz –, je donnais des cours de français.

Très vite, l'expérience a remporté un grand succès et, avec plein d'amis mexicains, nous sommes passés à la vitesse supérieure en lançant l'aventure Klimaxforum, un campement écologique où l'on pouvait suivre des ateliers, des conférences, ou juste se ressourcer en pleine nature. Toutefois, entre-temps, excédés, les voisins de l'*ecodepa* ont obtenu mon expulsion et je me suis retrouvé une nouvelle fois sur les routes. L'errance au Mexique a duré quelques mois, pendant lesquels j'ai appris les rudiments de la permaculture, une forme d'agriculture raisonnée et consciente.

Puis ce fut la rencontre avec Daniel Suelo. Depuis dix ans déjà, cet Américain vivait sans argent dans une grotte, perdu au milieu des canyons de l'Ouest américain, et je rêvais de faire sa connaissance. Avec ma copine Yazmin et Michael, un ami anglais, nous sommes partis à sa recherche, à Moab, un patelin perdu au milieu des montagnes. J'avais rencontré Michael sur les routes du Mexique ; il rêvait d'expérimenter le voyage sans argent. Yazmin quant à elle m'avait foudroyé le cœur quelques semaines plus tôt et avait décidé de tout lâcher – son poste de professeur d'architecture à l'université et sa vie bien rangée – pour me suivre. Daniel nous a accueillis avec un immense sourire, et, après une longue marche le long de ruisseaux glacés, au fond d'un canyon, nous sommes parvenus à sa grotte, marquée par les traces de feu. Nous sommes restés une semaine avec lui, dans le froid de février, à l'écouter raconter son histoire autour du feu.

Cette rencontre a résonné profondément en moi. En regardant Daniel, je savais que j'avais trouvé ma voie. Sa simplicité, sa recherche du bonheur m'inspiraient. Peu à peu, dans les mois qui ont suivi, j'ai appris à lâcher un peu de lest, à être moins intransigeant, tout en vivant d'échanges et de dons. Yazmin et moi avons organisé deux autres Klimaxforum qui ont réuni deux cents et quatre cents personnes, me confortant dans l'idée que la solution réside dans le vivre ensemble.

En janvier 2013, nous sommes rentrés tous les deux en Europe. Nous voulions rejoindre Raphael et Nieves qui, eux, étaient rentrés en 2011, pour la naissance de leur premier enfant. Un nouveau projet nous animait, une nouvelle aventure collective : la création d'un lieu de vie et de partage fondé sur l'économie du don, l'architecture et l'agriculture raisonnées... Une sorte de laboratoire de la vie dont nous rêvions.

Tous les quatre, nous avons lancé le projet Eotopia en juin 2013, à Berlin. Plus de sept cents personnes se sont déjà manifestées, souhaitant participer d'une manière ou d'une autre. Nous cherchons un terrain pour installer concrètement Eotopia, un terrain qu'une commune ou un particulier mettrait à notre disposition en échange de services.

Eotopia est un rêve, mais j'y crois. Ce voyage hors du commun semblait lui aussi impossible au départ, et pourtant... Le chemin est encore long pour réaliser notre utopie, mais sans argent, ça ne coûte rien d'essayer...

Pour en savoir plus

Pour plus de détails sur l'aventure ou pour inviter Benjamin à présenter une conférence sur le thème du voyage sans argent, vous pouvez vous rendre sur le site Internet :
>sansunsou.wordpress.com

Pour plus d'informations concernant le projet d'Eco-lieu Eotopia :
>www.eotopia.org

Table des matières

Avant-propos 11

La Haye, 18 janvier 2010..................... 17
Zwijndrecht, 20 janvier 2010 23
Lille, 20 janvier 2010......................... 29
Vienne, 21 janvier 2010 33
Barcelone, 25 janvier 2010 37
Valence, 27 janvier 2010...................... 41
Algeciras, 6 février 2010..................... 47
Tanger, 8 février 2010 51
Asilah, 9 février 2010........................ 55
Kenitra, 10 février 2010 59
Fez, 14 février 2010 61
Rabat, 15 février 2010........................ 65
Guelmim, 20 février 2010 71
Laâyoune, 20 février 2010..................... 75
Retour à Agadir, 5 mars 2010 81
Fuerteventura, 20 mars 2010................... 85
Las Palmas, 3 avril 2010...................... 89
Las Palmas, 27 avril 2010 93

Cap-Vert, Santa Luzia, 17 mai 2010	97
Recife, 30 mai 2010	103
Recife, 6 juin 2010	109
Nouveau départ, 22 juin 2010	117
Belém, 1er juillet 2010	119
Macapá, 4 juillet 2010	123
Oyapoque, 8 juillet 2010	127
Cayenne, 17 juillet 2010	131
Guyane, 5 août 2010	135
Paramaribo, 13 août 2010	137
Georgetown, 19 août 2010	141
Kuru Paraki, 23 août 2010	145
Boa Vista, 27 août 2010	151
Chirimena, 30 août 2010	153
Choroní, 20 septembre 2010	157
Maracaibo, 23 septembre 2010	161
Cartagena, 10 octobre 2010	165
Panamá, 19 octobre 2010	169
Liberia, 5 novembre 2010	173
Ocotal, 13 novembre 2010	177
Puerto Cortés, 20 novembre 2010	181
Mexico, 26 novembre 2010	183
Cancún, 8 décembre 2010	185
Épilogue	189
Pour en savoir plus	193

Dans la même collection

Cette nuit, la mer est noire
FLORENCE ARTHAUD

Disparue tragiquement le 9 mars 2015, Florence Arthaud a laissé derrière elle une carrière de navigatrice exceptionnelle. Ce livre, écrit quelques mois avant son décès, est son dernier témoignage : le récit poignant d'une nuit dramatique au cours de laquelle elle a réchappé à la mort...

« J'ai basculé en une fraction de seconde. Je suis dans l'eau. Il fait nuit noire. Je suis seule [...]. Dans quelques instants, la mer, ma raison de vivre, va devenir mon tombeau. »

Le samedi 29 octobre 2011, alors qu'elle naviguait seule à bord de son voilier, Florence Arthaud tombe à l'eau, au large du cap Corse. Isolée, en pleine nuit, sans gilet de sauvetage, la navigatrice va affronter la mort pendant de longues heures. Elle restera en vie grâce à une série de petits miracles : une lampe frontale, un téléphone portable étanche, du réseau et sa mère qui veillait en pleine nuit.

Dans ce livre-confession, Florence Arthaud revient sur cet épisode tragique. Elle livre les sentiments, les pensées et les souvenirs qui l'ont accompagnée alors qu'elle se noyait en pleine mer.

ISBN : 978-2-0813-7968-8 – Prix : 6,90 € – 208 pages

L'Homme qui marche

JEAN BÉLIVEAU

« J'avais arrêté la date : le 18 août 2000, jour de mon naissance, allait être celui de ma métamorphose. Jean le marcheur laisserait derrière lui Béliveau le poseur d'enseignes pour avaler le monde ou s'offrir à lui, l'avenir le dirait. »

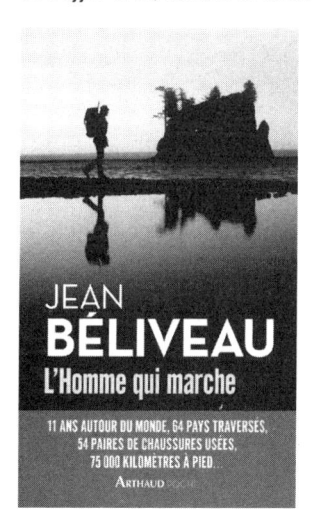

C'est sur un coup de tête, le jour de son anniversaire, que Jean Béliveau décide de quitter son Québec natal pour une marche autour du monde. Lorsqu'il se sépare de sa famille, il n'a que quelques dollars en poche et l'envie folle de se « frotter » au monde. Onze années plus tard, il aura réalisé la plus longue marche ininterrompue autour de la planète : plus de 75 000 kilomètres parcourus à travers 64 pays. Il tombe amoureux au Mexique - pour neuf jours. Porte turban et grande barbe au Soudan, mange des insectes en Afrique, du chien en Corée et du serpent en Chine, est escorté - lui, marcheur pour la paix - par des soldats aux Philippines. Il ne tombe sérieusement malade qu'une fois et se fait soigner avec succès en Algérie, n'est attaqué que par deux jeunes voleurs ivres en Afrique du Sud, et arrêté à Addis-Abeba sans savoir pourquoi. Il a certes dormi sous les ponts, dans des foyers pour sans-abri, voire dans des prisons, mais a souvent été invité à dormir chez des gens séduits par son aventure. Il témoigne aujourd'hui de cette fabuleuse odyssée terrestre et de ses plus belles rencontres aux quatre coins du monde.

ISBN : 978-2-0813-8529-0 - Prix : 6,90 € - 272 pages

Plus rapide que l'éclair
USAIN BOLT

« Je vis pour ces grands moments. »

« Donnez-moi un challenge, un objectif, un combat et quelque chose se passe – je me révèle. Mes foulées s'allongent, mon corps se déplace plus vite. Lancez-moi un défi et je le relève aussitôt.
Je gagne des courses et pulvérise les records depuis l'âge de 15 ans, mais pour y arriver, je me suis toujours battu. J'ai dû surmonter de nombreuses blessures, me reconstruire après un accident de la route et résister à la pression. J'ai remporté six médailles d'or olympiques et huit titres de champion du monde parce que je suis toujours au top lorsque c'est capital. J'ai relevé tous les défis en devenant l'homme le plus rapide du monde.
Voici mon histoire. »

ISBN : 978-2-0813-7632-8 – Prix : 6,90 € – 352 pages

L'Esprit du chemin
ÉDOUARD CORTÈS

Pourquoi partir marcher sur les chemins pèlerins ? Qui cherche-t-on sur les routes sinueuses de Toscane, de Cappadoce ou de Galice ? Dieu, soi-même, les autres ? Quel sens donner aujourd'hui à cette tradition millénaire des pèlerinages ? Comment lâcher prise au rythme lent des pas et vivre l'instant présent ?

Fort des kilomètres parcourus jusqu'à Compostelle, Jérusalem et Rome, Édouard Cortès unit son regard à celui des pèlerins d'autrefois, pour tenter de mettre en lumière l'esprit du chemin. Grâce à lui, le lecteur plonge dans le quotidien d'un pèlerin, fait de petites misères et de grandes joies, et retrouve par la marche «l'urgence de l'essentiel».

Édouard Cortès se livre ici avec enthousiasme et profondeur. Son ouvrage est un supplément d'âme pour celui qui ne voudrait pas aborder les chemins pèlerins uniquement sous un aspect pratique ou culturel mais également sous l'angle de la beauté et du sens de la marche.

ISBN : 978-2-0813-8826-0 – Prix : 5,90 € – 256 pages

Fleur Australe
GÉRALDINE DANON

Géraldine Danon, Philippe Poupon et leurs enfants : une famille de marins rassemblés à bord de Fleur Australe, *sur les traces des grands explorateurs*

Après avoir réussi à rejoindre le Pacifique par le passage du Nord-Ouest, la famille reprend la mer pour onze mois de navigation et d'aventures, de l'Alaska à la Polynésie.

Depuis sa rencontre avec Philippe Poupon, Géraldine a fait de la mer son foyer. Aujourd'hui, elle met toute son énergie au service de la réussite de leurs expéditions, consciente d'offrir à leurs enfants des expériences d'une rare intensité. Si la vie à bord de *Fleur Australe* a ses inconvénients – confinement, mal de mer, isolement –, elle se révèle aussi une source infinie de découvertes et d'apprentissages. Les enfants goûtent aux rencontres, au grand large et à la liberté. Aux Tuamotu, les aînés réalisent leur baptême de plongée, tandis que les plus jeunes barbotent sans plus s'inquiéter des requins... Au fil des jours, Géraldine tient son carnet de bord avec humour et nous invite dans l'intimité d'une famille peu ordinaire. Le résultat : un récit passionné et généreux.

ISBN : 978-2-0813-8528-3 - Prix : 6,90 € - 256 pages

Calamity Jane
HORTENSE DUFOUR

« Y aura-t-il seulement quelqu'un pour planter un cactus sur ma tombe ? » se demandait Calamity Jane au terme de sa vie. Ivre d'alcool, de chagrin, malade, aveugle, Martha Jane Cannary ne cessait de répéter cette phrase. Et de pleurer la solitude qui l'oppressait.

Femme au destin hors du commun, celle que les Blancs surnommaient la « reine des plaines » et les Indiens le « diable blanc » suscite aujourd'hui encore de nombreuses interrogations et une admiration sans bornes.

Détestant l'hypocrisie, cette aventurière fut tour à tour conductrice de diligences, convoyeuse de fonds, chercheuse d'or et joueuse de poker.

Amoureuse de la route et des étreintes passionnées, cette femme hors normes décédée en 1902, à l'âge de 51 ans, partageait tout avec les plus pauvres. Loin de singer les hommes, même si elle leur ressemblait parfois, elle avait la jambe superbe, le regard sublime, une opulente chevelure auburn et l'attache féminine d'une main sachant utiliser avec grâce... une Winchester

ISBN : 978-2-0813-7634-2 – Prix : 7,90 € – 400 pages

Courir ou mourir

KILIAN JORNET

« Laisse l'instinct guider tes pas, il t'amènera vers ce que tu aimes. »

Qu'est ce qui fait courir Kilian Jornet ? Quelles sont les pensées, les motivations profondes de cet extraterrestre du trail ? « Sky runner » à l'assaut des sommets et du ciel, il multiplie les exploits : quatre fois champion du monde de skyrunning, champion du monde de ski de montagne, il bat aussi des records en courses rapides comme la traversée du GR20, l'Ultra-Trail du Mont-Blanc ou l'ascension du Kilimandjaro.
De son premier « 4 000 » réalisé à l'âge de 7 ans au défi mondial Summits of my Life, Kilian Jornet revient sur son destin de champion. Cet athlète d'exception nous livre un témoignage palpitant sur sa passion pour la course et la montagne et sur sa philosophie de vie profondément ancrée dans sa pratique sportive et son amour pour les grands espaces.

ISBN : 978-2-0813-4807-3 – Prix : 5,90 € – 224 pages

L'Africain du Groenland
TÉTÉ-MICHEL KPOMASSIE

« Quand j'ai débarqué, tous croyaient avoir vu le diable. J'étais le premier Africain qu'ils voyaient de leur vie. »

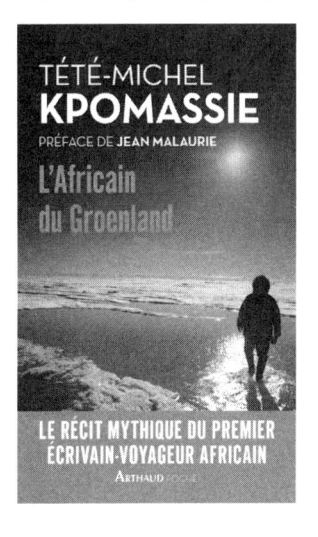

Né en 1941 dans une famille traditionnelle togolaise, Tété-Michel Kpomassie est destiné à 16 ans à servir le culte du python après avoir réchappé à un accident causé par ce serpent. Effrayé par cette perspective, il est saisi d'une fulgurance singulière à la lecture d'un livre sur le Groenland. Il se découvre, lui, l'homme de la forêt tropicale, de profondes affinités avec ces hommes du Grand Nord. Passionné par cette région et par le mode de vie de ses habitants, il fuit son village et entame une odyssée improbable qui le conduira huit ans plus tard au Groenland. Froid, neige, obscurité ou soleil de minuit, rien ne le décourage. Accueilli par les Inuits, Tété-Michel Kpomassie découvre une société traditionnelle, vivant de la pêche et de la chasse, mais aussi une société fragilisée, dépendante et de plus en plus individualiste, conséquences de la colonisation danoise.

ISBN : 978-2-0813-4372-6 – Prix : 7,90 € – 448 pages

Elles ont conquis le monde
ALEXANDRA LAPIERRE, CHRISTEL MOUCHARD

« Qu'ont-elles en commun, toutes ces femmes aux personnalités si fortes ? Sinon l'intrépidité et le talent unique de savoir reconnaître leur instinct et soutenir leur désir. »

Les grandes aventurières ne sont plus seulement des courtisanes : ce sont des conquérantes d'un type nouveau apparu dans la première moitié du XIXe siècle. Des femmes qui voulaient être des géographes, des botanistes, des ethnologues – bref des exploratrices à part entière !

Et elles ont conquis le monde, d'est en ouest et du nord au sud, le collet bien monté, pour que leur vertu ne soit en rien suspectée, leur corset étroitement lacé. Mais sous leur armure vibraient des émotions violentes, des sentiments brûlants. Et beaucoup ont vécu des amours, qui, pour êtres secrètes, n'en furent pas moins passionnées.

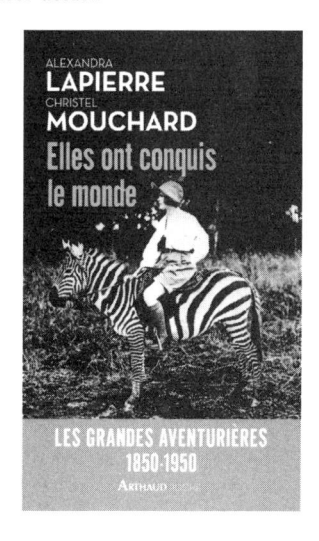

ISBN : 978-2-0813-6065-5 – Prix : 5,90 € – 304 pages

Profondeurs
GUILLAUME NÉRY

La vie d'un homme est l'intervalle de temps entre sa première et sa dernière respiration. Les plongées de Guillaume Néry se situent entre une dernière et une première respiration.

Chaque immersion de ce champion du monde d'apnée en poids constant est un cheminement spirituel, un voyage intérieur vers une meilleure connaissance de soi, une renaissance à des sensations disparues depuis la fondation du monde.
Dans ce livre, Guillaume Néry nous immerge au cœur de son entraînement, de sa routine, de ses performances, des difficultés techniques qu'il doit surmonter. Plus qu'un sport, la plongée est pour lui une philosophie de vie, un moyen de renouer avec lui-même et d'explorer ce sixième continent encore méconnu qu'est l'océan. Se confronter au danger, mais surtout au lâcher-prise, à l'acceptation des contraintes physiologiques et climatiques pour s'adapter à cet autre univers qu'est le fond des mers. Un parcours hors du commun qui nous mène aux frontières des limites humaines.

ISBN : 978-2-0813-8527-6 – Prix : 6,90 € – 288 pages

La Femme qui pleure
ZOÉ VALDÉS

« Peut-être voulait-elle sous le poids des souvenirs et de la solitude s'éloigner des anciennes extravagances parisiennes. Effacer par un voyage toute une vie. »

Photographe et peintre surréaliste au style insolite et dérangeant, Dora Maar va croiser la route de Pablo Picasso. À ses côtés elle va incarner la *Femme qui pleure*, ce célèbre portrait qui témoigne de sa déconstruction dans l'ombre du génie auquel elle avait voué sa vie.

Amante, muse et victime de l'artiste, Dora Maar, quelques années après sa rupture avec Picasso, décide de passer quelques jours à Venise. Dans le dédale des rues de la cité des Doges, Dora, muse abandonnée, artiste inaccomplie, retrouvera-t-elle le chemin de sa vie de femme ? À l'issue de cet ultime voyage, elle se retirera du monde pour vivre mystique et recluse dans son appartement parisien.

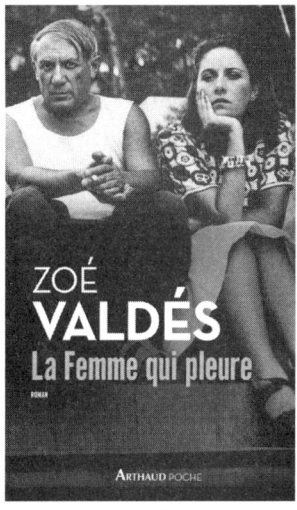

Le temps d'une escapade vénitienne, Zoé Valdés se glisse dans l'âme tourmentée de Dora Maar, cette femme capable de tout par amour et nous livre un roman ardent et subtil sur la passion amoureuse sans limite.

ISBN : 978-2-0813-9118-5 – Prix : 7,90 €– 432 pages

N° d'édition : L.01EBNN000449.A002
Dépôt légal : septembre 2016
Imprimé en Espagne par Novoprint (Barcelone)

Cet ouvrage a été mis en page par IGS-CP
à L'Isle-d'Espagnac (16)